Knaur

PETRA HIRSCHER

101 HOCHZEITSSPIELE

Knaur

PETRA HIRSCHER

101 HOCHZEITSSPIELE

SPIEL UND SPASS FÜR ERWACHSENE UND KINDER

www.knaur-ratgeber.de

INHALTSVERZEICHNIS

TIPPS UND PRAKTISCHE REGELN

SPIELE ZUM KENNENLERNEN

WETTSPIELE FÜR DRINNEN UND DRAUSSEN

GESCHICKLICHKEIT UND WISSEN

»FRECHE« SPIELE

TANZSPIELE

SPIELE MIT »NACHWIRKUNG«

SPIELE MIT DEM BRAUTPAAR

BRÄUCHE UND TRADITIONEN

SPIELE FÜR DIE KLEINEN GÄSTE

Es gibt unendlich viele Möglichkeiten, eine Hochzeitsfeier mit Spielen und anderen Einlagen zu bereichern. Hochzeitsspiele tragen dazu bei, dass die Gäste sich untereinander kennenlernen und die Brautleute sich etwas inoffizieller präsentieren können. Spiele heben die Stimmung, füllen die Haushaltskasse des frischgebackenen Paares oder fußen auf uralter Tradition.

Sie suchen für das anstehende Fest noch interessante Hochzeitsspiele, die alle Generationen einschließen? Nach der Devise »Alles kann, nichts muss!« möchte dieses Buch mit seinen über 101 Ideen Sie ein wenig inspirieren, wenn es um die praktische Ausgestaltung einer Hochzeitsfeier geht. Sie finden deshalb neben jedem Spiel eine kleine Liste, die Ihnen einen Überblick verschafft über das erforderliche Material, über die Anzahl der Mitspieler und den Zeitaufwand.

Jede Hochzeitsfeier, auch die kleinste, sollte für alle Teilnehmer ein unvergessliches Fest sein, an das sie sich gerne erinnern. Mit einer fröhlich-ausgelassenen Feier beginnt eine hoffentlich freudvolle und glückliche Ehe. Die passend ausgewählten Hochzeitsspiele sind Ihr Beitrag für Abwechslung und eine entspannte Atmosphäre. Ihrer Kreativität sind dabei keine Grenzen gesetzt!

Viel Freude dabei wünscht Ihnen

Petra Hirscher

Bei einer Hochzeitsfeier kommen Menschen zusammen, die sich meistens nicht alle kennen. Grundsätzlich liegen Sie daher immer richtig, wenn Sie bei der Auswahl der Spiele den offiziellen Rahmen nicht aus den Augen verlieren. Wie bei jedem Fest sind natürlich auch die Spiele bei einer Hochzeitsfeier Geschmackssache und unterliegen stets subjektiven Vorlieben. Manche lockern den festlichen Rahmen ein bisschen auf, andere machen die Gäste spielerisch miteinander bekannt. So verschieden wie die feiernden Gäste sollten daher auch die Spiele und Aktionen sein, die Sie planen. Das Angebot sollte ausgewogen sein – ein Grund, weshalb Sie auf den folgenden Seiten eine bunte und abwechslungsreiche Mischung finden, die aus Wettspielen, Geschicklichkeits- und Wissensspielen, leicht anzüglichen Spielen, Tanzspielen, Spielen für das Brautpaar oder auch nur für Kinder bestehen. So können die Vorlieben und Talente der Gäste in den verschiedenen Angeboten zum Zuge kommen und Sie werden umso mehr begeisterte Mitspieler finden.

Sie haben bestimmt viele gute und originelle Ideen, wie Ihre Hochzeitsfeier ganz individuell und außergewöhnlich gestaltet werden kann. Auf der Suche nach netten Spielen, die gut ankommen, nutzen Sie neben Ratgebern ruhig auch eine der besten Quellen: Bekannte, Freunde, Familienmitglieder oder Arbeitskollegen, die bereits ihre Hochzeitsfeier erfolgreich hinter sich gebracht oder eine gelungene Feier besucht haben. Diese Informationen aus erster Hand sind oftmals der einfachste Weg zu den besten Hochzeitsspielen.

WENIGER IST MEHR

Das gilt für so große Feste wie Hochzeiten in ganz besonderem Maße. Niemandem, weder den Gästen noch Ihnen selbst, ist geholfen, wenn Sie sich überfordern und ein vollgepacktes Programm zu Speis und Trank servieren. Verzichten Sie lieber auf Masse und setzen Sie eher auf gute Unterhaltung. Praktisch heißt das: In der Auswahl der Spiele und Aktionen sollten Sie Ihre Gäste tendenziell eher unter- als überfordern. Wer hat schon Lust, langatmigen Erklärungen zu lauschen, bevor ein Spiel endlich losgeht? Ältere wie jüngere Gäste lieben Abwechslung mehr als stundenlange Konzentration auf eine Sache.

Da man auch mit schlichteren Spielen viel Spaß haben kann, stellt Ihnen dieses Buch Ideen vor, die wenig Mühe bereiten und keinen großen Materialaufwand erfordern. Auch wenn Spielen gelernt sein muss, unterschätzen Sie nie die positive und lustige Wirkung eines gelungenen Überraschungseffekts.

GUTE VORBEREITUNG IST ALLES

Damit Ihre Hochzeitsspiele problemlos gelingen, habe ich Ihnen einige grundlegende Tipps zusammengestellt.

- Hochzeitsspiele müssen gut geplant sein. Fangen Sie daher rechtzeitig mit den Vorbereitungen an und wählen Sie nur Spiele, die Sie selbst gerne mitspielen würden. Sie sollten es immer unmissverständlich klarmachen, wenn Sie Spiele, die Ihnen von Freunden oder Bekannten vielleicht angetragen werden, nicht wünschen.
- Hier einige Fragen, die Ihnen bei einer perfekten Zusammenstellung von Spielen helfen könnten: Für wen plane ich die Spiele? Wo möchte ich spielen? Wie lange dauert ein Spiel und in welcher Reihenfolge wird gespielt? Welches Material wird benötigt und wie viel?

- Bereiten Sie sich gut vor und sorgen Sie dafür, dass alle Requisiten, z. B. Luftballons, Stifte, Papier usw., vorhanden sind. Wenn Sie die Utensilien erst während der Feier zusammensuchen müssen, entgeht Ihnen nicht nur die eigene Hochzeitsfeier, sondern die Gäste werden auch ungeduldig.
- Denken Sie daran, dass Spiele die Stimmung heben und nicht zerstören sollen. Wählen Sie also immer einen günstigen Moment, um ein Spiel zu beginnen, z. B., wenn gerade die »Luft etwas raus ist« und die Gäste sich zu langweilen beginnen. Kündigen Sie stets die Spiele an, damit sich keiner Ihrer Gäste überrumpelt fühlt. Denken Sie sich für jedes Spiel eine kurze Einleitung aus, die die Neugier Ihrer Gäste weckt. So brauchen Sie sie dann nicht zum Spielen zu überreden.
- Spielen muss Spaß machen. Zwingen Sie auf keinen Fall einen Gast mitzuspielen, wenn er das nicht will. Wer keine Lust auf ein Spiel hat, darf sitzen bleiben und sich an den Hochzeitsspielen als gut gelaunter Zuschauer erfreuen.
- Halten Sie eine bunte Vielfalt bereit, sodass für jeden Geschmack, für jedes Alter etwas dabei ist.
- Da viele der vorgestellten Spiele musikalische Unterstützung benötigen, sprechen Sie sich mit der Kapelle oder dem Diskjockey ab, welche Musik Sie wann benötigen.
- Wählen Sie die Spiele passend zum Stil Ihrer Hochzeit aus. Bei einer Gartenhochzeit können die Spiele ausgelassener sein als bei einer Hochzeit in einem Luxushotel. Beim klassischen Empfang dagegen sind Spiele fehl am Platz, bei sehr festlichen Hochzeiten sollte das eine oder andere Spiel lieber ausgelassen werden.
- Sehen Sie sich unbedingt vorher die Lokalitäten an, dann fällt es Ihnen leichter, Ihre Auswahl zu treffen. Ideal ist es, wenn Ihnen eine Bühne zur Verfügung steht. Dann können die Gäste alle Akteure gut sehen und das Spielgeschehen verfolgen.

- Bedenken Sie, dass Sie Ihre Spiele nicht unter allen Umständen an den Mann bringen müssen. Ist die Stimmung gut und das Eis zwischen den Gästen auch ohne Ihr Zutun gebrochen, umso besser. Ansonsten beherzigen Sie die bewährte Regel »In der Kürze liegt die Würze« und beenden Sie ein Spiel lieber dann, wenn es am schönsten ist, als dass es totgespielt wird.

KANDIDATEN UND HELFER

Wer tanzt oder spielt zusammen? Für Spiele müssen sich immer wieder Freiwillige, Teams oder auch Tanzpaare finden. Sie brauchen also Kandidaten, die gerne mitmachen. Sollten sich die »Freiwilligen« zunächst noch zurückhalten, müssen Sie zur Tat schreiten, damit die Spiele beginnen können. Um Mitspieler zu finden, gibt es viele Möglichkeiten. Hier einige Vorschläge:

- Teams können entstehen, indem zwei Mitspieler (oder so viele, wie Sie Gruppen brauchen) abwechselnd jemanden von den übrigen Gästen in ihre Gruppe hinein wählen.

- Es wird mit »eins, zwei« usw. abgezählt. Alle Gäste mit der Eins sind in einer Gruppe, die mit der Zwei in der anderen usw. Bei dieser Methode muss sich kein Gast benachteiligt fühlen, weil er zuletzt gewählt wurde.
- Wer beim ersten Spiel verliert, ist Freiwilliger für das zweite.
- Gehen Sie alphabetisch vor. Z. B. bilden alle eine Gruppe, deren Vorname mit A beginnt.
- Spielt das Brautpaar mit, darf die Braut die männlichen, der Bräutigam die weiblichen Mitspieler wählen.

Lassen Sie sich unbedingt von Freunden und Bekannten helfen, auf die Verlass ist. Zusammen macht die Vorbereitung mehr Spaß. An einigen gemeinsamen Terminen können Sie Aufgaben klar verteilen und klären, was bis zu welchem Zeitpunkt von wem erledigt sein soll: passende Musikstücke oder Fotos auswählen, die benötigten Requisiten zusammenstellen usw.

Das gilt auch für Beiträge anderer Gäste wie kleine Vorträge oder die Durchführung eines Spiels während des abendlichen Programms. Hier ist für die gelungene Umsetzung wichtig, dass vorab ordentlich geprobt und der Zeitablauf berücksichtigt wird.

SPIELE ZUM KENNENLERNEN

Bei einem großen Fest wie einer Hochzeit kann es durchaus vorkommen, dass die Angehörigen und Freunde der Familien einander nicht kennen oder dass einige Gäste sich schon lange mehr nicht gesehen und die Namen der anderen wieder vergessen haben. Spiele an einer Hochzeit sind natürlich reine Geschmacksache. Aber sie bieten einen großen Vorteil: Sie machen die Leute spielerisch miteinander bekannt.

Lockern Sie also den Beginn Ihrer Hochzeitsfeier mit Spaß und lustigen Überraschungen auf, indem Sie passende, gut durchdachte Spiele anbieten. Die folgenden Kennenlernspiele und »Eisbrecher« dienen dazu, alle mitspielenden Gäste kurz einander vorzustellen, die Atmosphäre zu entspannen und die Gesellschaft auf die kommenden fröhlichen Stunden einzustimmen.

LIEDER-KUDDELMUDDEL

ab 10 Personen
Spieldauer:
etwa 15 Minuten

Das wird gebraucht:
- *für jeden Gast eine Zeile aus einem bekannten Lied*
- *jedes Lied mit Noten und komplettem Text*

So geht's:

Jeder Gast erhält einen Zettel mit einer Liedzeile. Achten Sie darauf, dass jeweils zwei Gäste Zeilen aus demselben Lied erhalten. Ist die Hochzeitsgesellschaft sehr groß, verwenden Sie stattdessen identische Liedzeilen für jeden Gast, sonst dauert die Suche zu lange. Zur Vereinfachung und um im Zeitrahmen zu bleiben, können Sie außerdem pro Lied dieselbe Papier- oder Schriftfarbe verwenden. Mischen Sie traditionelle Volkslieder und Popsongs.

Die Verteilung führen Sie praktischerweise so durch: Sie können die Textzeilen in Körbchen aufteilen, aus denen sich jeder bedient. Falls Sie die Variante mit den gleichen Liedzeilen wählen, teilen Sie die Liedzeilen identisch auf nur zwei Körbchen auf. Die Gäste wandern nun umher und versuchen durch Nachfragen, ihr musikalisches

Gegenstück zu finden. Wenn sie fündig geworden sind, müssen sie gemeinsam ihr Lied anstimmen.

Dieses Kennenlernspiel erhält einen zusätzlichen Reiz, wenn Sie dem besten Sängerpaar einen Preis verleihen. Dazu dürfen alle Teilnehmer die vorgetragenen Lieder mit Punkten von eins bis fünf bewerten. Sie notieren die Punkte und stellen am Ende das Gewinnerpaar fest.

WEITERGEBEN

So geht's:

Bei diesem Spiel geht es um die reine »Gaudi« und man braucht dazu Muskelkraft in den Beinen. Die Mitspieler sitzen auf Stühlen in einem Kreis und ziehen ihre Schuhe aus. Die Musik spielt. Nun müssen alle versuchen, einen aufgeblasenen Luftballon mit den ausgestreckten Füßen weiterzugeben. Wer ihn fallen lässt, scheidet aus. Schwieriger wird es, wenn Sie mit mehreren Ballons spielen und verschiedene Richtungswechsel ansagen.

ab 6 Personen
Spieldauer: etwa 10 Minuten

Das wird gebraucht:
- ein aufgeblasener Luftballon
- Musik

DER NOTGROSCHEN

So geht's:

Stellen Sie die Flasche in die Mitte der Spielfläche. Jeder Gast, der mitspielt, klemmt nun die Münze zwischen die Knie und »läuft« damit zur Flasche. Dort muss er den Cent in die Flasche fallen lassen. Jeder hat nur einen Versuch. Schaffen es mehrere Mitspieler, mit ihrer Münze in die Flasche zu treffen, geht zwischen ihnen das Spiel so lange weiter, bis schließlich ein Gewinner feststeht. Sollte es niemandem gelingen, die Münze in die Flasche zu bekommen, wiederholen Sie diese Spielrunde einfach. Dieses lustige Spiel eignet sich sehr gut als »Eisbrecher«, mit dem Sie Ihre Hochzeitsspiele unkompliziert beginnen können.

ab 5 Personen
Spieldauer: etwa 15 Minuten

Das wird gebraucht:
- eine leere Flasche mit weitem Hals, z. B. eine große Ketchupflasche
- für jeden Mitspieler eine Centmünze

DAS GROSSE BALLONBLASEN

ab 6 Personen
Spieldauer:
etwa 10 Minuten

Das wird gebraucht:
- *eine Stoppuhr*
- *für jede Mannschaft ein Luftballon*
- *für jeden Mitspieler ein Luftballon*
- *dicke Filzstifte*
- *Musik*

So geht's:

Teilen Sie die Mitspieler in gleich große Teams. Jedes Team stellt sich dann in einem kleinen Kreis auf. Auf Ihr Kommando wirft jedes Team seinen Ballon hoch und versucht, ihn durch Anblasen in der Luft zu halten. Die Gruppe mit dem längsten Atem gewinnt.

Variante:

Jeder Mitspieler bekommt einen Luftballon, auf den er mit Filzstift seinen Namen schreibt. Dann ertönt Musik, zu der alle tanzen. Dabei wirft jeder seinen Ballon in die Luft. Sobald die Musik stoppt, fängt jeder einen fremden Namensballon und hat die Aufgabe, diesen dem Besitzer zurückzubringen. Mit ein wenig Herumfragen ist das gar kein Problem. Sie werden sehen, wie schnell Ihre Gäste die Namen der anderen lernen.

DAS NAMENSSPIEL

ab 10 Personen
Spieldauer:
etwa 5 Minuten

Das wird gebraucht:
– für jeden Teilnehmer einen Stuhl

So geht's:

Lassen Sie die Mitspieler in einem Kreis sitzen oder stehen. Nun gehen Sie um den Kreis herum, tippen einzelne Gäste an und bitten sie, sich vorzustellen. Dabei sollen diese ihren Vornamen nennen und mit einem Adjektiv kombinieren, das mit demselben Anfangsbuchstaben beginnt, z. B.: »schneidiger Schorsch«, »reinliche Rosi«, »coole Kathrin«. Danach müssen die Gäste die Adjektive und Namen sämtlicher Mitspieler, die zuvor an der Reihe waren, aufzählen.

Variante:

Anstelle der Adjektive werden Tiernamen mit dem gleichen Anfangsbuchstaben verwendet: »Hase Hans«, »Giraffe Gudrun«, »Büffel Bert«.

LUSTIGE TIERFARM

ab 10 Personen
Spieldauer:
etwa 15 Minuten

Das wird gebraucht:
– für jeden Teilnehmer eine Augenbinde

So geht's:

Teilen Sie die Mitspieler in Paare auf. Jedes Paar muss nun, ohne dass die anderen es mitbekommen, einen Tierlaut vereinbaren, an dem es sich später auch mit verbundenen Augen erkennen wird. Dabei ist zu bedenken, dass exotische Laute einen größeren Erkennungswert haben, denn auf Katzenmiauen und Hundegebell wird die Wahl vieler fallen. Jetzt trennen sich die Paare, gehen jeweils an das entgegengesetzte Ende des Spielbereichs und verbinden sich die Augen mit einem Tuch. Auf »Los« starten Sie das Spiel: Nun müssen sich die Partner finden. Dabei dürfen sie aber nur den vereinbarten Tierlaut von sich geben. Sieger wird das Paar, das als erstes wieder komplett ist.

WER BIN ICH?

So geht's:

ab 6 Personen
Spieldauer:
etwa 20 Minuten

Das wird gebraucht:
- *für jeden Mitspieler Papier, Klebeetikett oder Karteikarte im Postkartenformat mit dem Namen einer Berühmtheit*
- *Paketklebeband und Schere*

Dieses Spiel ist ein lustiger Start in die Hochzeitsfeier, bei dem jeder Gast mit den anderen sprechen muss. Dazu sind einige Vorbereitungen nötig. Schreiben Sie auf die Karteikarten den Namen einer Berühmtheit, z. B. aus Film, Fernsehen, Showbusiness, Politik oder Literatur. Sobald die Gäste ankommen, kleben Sie jeder Person eine Karte auf den Rücken. Sie darf jedoch nicht ihre »geheime Identität« erfahren. Nun gehen die Mitspieler umher und versuchen durch Fragen herauszufinden, welche Figur sie darstellen. Die Antworten dürfen nur »ja« oder »nein« lauten. Wenn viele Gäste da sind, können Sie, um das Spiel abzukürzen, die Zahl der Fragen, die gestellt werden dürfen, auf drei bis fünf begrenzen.

Bei diesem Spiel gibt es Preise für die ersten drei, die ihre wahre Identität entdecken.

AUF WOLKE SIEBEN SCHWEBEN

So geht's:

ab 14 Personen
Spieldauer:
etwa 10 Minuten

Das wird gebraucht:
- *verschieden große Wolken, mit Kreide aufgezeichnet oder mit Klebeband aufgeklebt; in die Umrisse schreiben Sie die Anzahl der Personen, die auf der Wolke Platz finden sollen*
- *flotte Musik*

Bringen Sie im Raum verteilt auf dem Boden die Wolken an. Jede kann unterschiedlich viele Personen aufnehmen. Nun tanzen die Gäste zur Musik. Sobald sie stoppt, muss jeder versuchen, auf einer Wolke Platz zu finden. Wer keine findet oder sich trotz Überfüllung hineindrückt, scheidet aus. Ein wirklich lustiges Spiel, bei dem sich Ihre Gäste im wahrsten Sinne des Wortes schnell näher kommen.

MENGENLEHRE

ab 10 Personen
Spieldauer:
etwa 15 Minuten

Das wird gebraucht:
– Musik

So geht's:

Ein einfaches und unaufwändiges Spiel, dessen Clou die Kriterien sind, nach denen sich die Teilnehmer ordnen sollen. Alle Mitspieler bewegen sich zur Musik im Raum umher. Sie stoppen die Musik und nennen eine Zahl. Nun müssen sich die Gäste rasch zu Gruppen finden, deren Größe der genannten Zahl entspricht. Wer keine Gruppe findet, scheidet aus.

Variante:

Anstelle der Zahl als Gruppenkriterium können Sie auch Gruppen aufrufen, die etwa als gemeinsames Merkmal haben: dieselbe Schuhgröße, dieselbe Bekleidungsfarbe, im selben Monat Geburtstag, dasselbe Sternzeichen, dieselbe Anzahl Geschwister, dieselbe Augenfarbe.

MATCHMAKER

ab 20 Personen
Spieldauer:
etwa 15 Minuten

Das wird gebraucht:
– für jede Teilnehmerin eine Karteikarte mit vorbereiteten Fragen und ein Stift

So geht's:

Ein »Matchmaker« ist jemand, der eine Ehe stiften, eine Heirat vermitteln, Mann oder Frau unter die Haube bringen will. Deshalb füllt bei diesem Spiel jede Dame vor dem Beginn ihre Karte mit einigen persönlichen Angaben aus, z. B. Größe, Alter, Augenfarbe, Vorname, Schmuck, Lippenstiftmarke. Sämtliche Karten werden dann in einem Karton gesammelt. Jeder teilnehmende Herr darf eine Karte ziehen und versucht nun, die dazugehörige Dame herauszufinden. Wer seine Dame findet, darf mit ihr tanzen.

ab 20 Personen
Spieldauer:
etwa 20 Minuten

Das wird gebraucht:
– Musik

So geht's:

Bitten Sie Ihre Gäste, zwei Kreise zu bilden: einen inneren und einen äußeren mit jeweils gleich vielen Personen. Alle Teilnehmer des inneren Kreises wenden sich zu den Mitspielern des äußeren Kreises, sodass sich die Gäste ansehen. Jeder hat somit ein Gegenüber, dem er seinen Namen nennen muss. Nun muss sich der innere Kreis fünf Personen nach rechts weiterbewegen. Die Gäste im äußeren Kreis bleiben stehen und warten, bis die Innenmannschaft ihre neue Position gefunden und jeder Mitspieler einen neuen Partner hat. Nun stoppen Sie die Musik und geben ein Thema vor, über das sich die gegenüberstehenden Spieler der beiden Kreise unterhalten sollen: z. B. Urlaub, Wetter, Arbeit, Haustiere, Sport, gutes Essen. Auch hier muss jeder Teilnehmer zunächst seinen Namen nennen. Nach der Redezeit hat jeder etwas von dem anderen Mitspieler erfahren und ihn besser kennengelernt. Jetzt fordern Sie wieder einen Kreis zum Drehen auf und geben einen neuen Gesprächsstoff vor. Je nach räumlichen Möglichkeiten oder bei sehr vielen Gästen können Sie auch mehrere Kreispaare bilden, die das Spiel gleichzeitig durchlaufen.

Variante:

Sobald die Musik stoppt, nennen Sie zwei ganz verschiedene Körperhaltungen, z. B. »rechtes Bein nach vorne anwinkeln, mit der linken Hand winken«. Jeder der sich einander gegenüberstehenden Gäste nimmt nun diese Stellung zusammen mit seinem Partner ein. Das Paar, bei dem es nicht klappt, scheidet aus. Anschließend folgt die nächste Runde mit kurzer Musik und neuer »Figur«.

Ab und zu müssen auf einer Hochzeitsfeier auch einmal »die Fetzen fliegen«! Wilde Spiele sind etwas für Gäste, die sich ein wenig bewegen wollen – im Festsaal oder auf der grünen Wiese. Da tut es gut, wenn es mal hoch hergeht und man sich ein bisschen körperlich anstrengen muss. Aber aufgepasst: Alle Mitspieler müssen auf die Sicherheit der anderen achten. Und natürlich ist es auch in Ordnung, wenn jemand lieber nicht mitspielen will. »Wilde« Wettspiele sind wie bei allen Partys auch auf Hochzeiten immer nur für Freiwillige, sonst ist der Spaß schnell vorbei.

HOCHZEITS-POTPOURRI

So geht's:

Für dieses Spiel benötigen Sie zwei bis drei Mannschaften, die sich im Abstand von ein paar Metern von ihren Stühlen aufstellen. Dann geht's auf Kommando los: Die erste Person jeder Mannschaft läuft zu ihrem Stuhl, setzt sich, legt sich den Schleier auf den Kopf, öffnet die Flasche, fischt die Pfeife heraus und bläst hinein. Nun wird alles wieder zurückgelegt. Der Spieler läuft zurück und tippt den nächsten Mitspieler seiner Mannschaft an, der das Rennen aufnimmt. Die Mannschaft, die als erste alle Aufgaben erledigt hat, ist Sieger.

ab 10 Personen
Spieldauer: etwa 15 Minuten

Das wird gebraucht:
für jede Mannschaft
– ein Stuhl
– ein Brautschleier (aus einem alten Store)
– eine Flasche mit weitem Hals und Schraubverschluss (z.B. Ketchup- oder Sahneflasche)
– eine Trillerpfeife

FLASCHEN-EINFÄDEL-SPIEL

ab 10 Personen
Spieldauer:
etwa 15 Minuten

Das wird gebraucht:
für jeden Mitspieler
- *ein etwa zwei Meter langes Band*
- *ein Stift*
- *ein Stück Klebeband*
- *eine Flasche mit weitem Hals*

So geht's:

Dieses Spiel erfordert ein wenig Mut zu komischen Verrenkungen, ist aber ein großer Spaß – besonders für die Zuschauer. Jeder Mitspieler bindet sich sein Band so um den Bauch, dass das lose Ende am Rücken nach unten hängt. An diesem Ende wird mit einem Streifen Klebeband ein Stift befestigt. Alle stellen sich hinter ihre Flaschen. Auf Kommando müssen nun die Kandidaten versuchen, den Stift in die Flasche »einzufädeln«.

Über die Länge der Bänder regulieren Sie den Bewegungsaufwand der Teilnehmer: je kürzer das Band, desto heftiger die Verrenkungen! Wer am geschicktesten ist, hat am schnellsten eingefädelt und ist Sieger. Um das Spiel zu verlängern, können Sie die Sieger der einzelnen Spielrunden gegeneinander antreten lassen und einen Gesamtsieger ermitteln.

SCHUH-STAFFELLAUF

ab 10 Personen
Spieldauer:
etwa 10 Minuten

Das wird gebraucht:
- *etwa ein Meter Klebeband*

So geht's:

Bei diesem Wettspiel verwandeln sich erwachsene Partygäste ganz schnell in hüpfende Kinder mit roten Wangen. Denn auch hier geht es um Geschwindigkeit und Geschicklichkeit. Bilden Sie aus den teilnehmenden Mitspielern zwei gleich große Mannschaften, die sich jeweils hintereinander aufstellen. Bestimmen Sie eine Stelle im Raum als Ziel und markieren Sie sie mit Klebeband. Nun können Sie mit dem ersten Teil des Spiels beginnen. Auf Kommando starten die ersten Spieler jeder Mannschaft und laufen zum Zielort. Dort ziehen sie einen Schuh aus und hüpfen auf einem Bein zurück, tippen den nächsten Läufer an, der den Staffellauf weiterführt.

Wenn alle Mitspieler einer Mannschaft einen Schuh abgeliefert haben, gibt der erste Spieler das Kommando: »Auf die Schuhe, los!« Nun läuft die ganze Mannschaft gleichzeitig los und jeder sucht seinen Schuh, zieht ihn an und kehrt zurück, um wieder die Schlange zu bilden. Das erste Team, das in der Reihe steht und bei dem jeder Mitspieler beide Schuhe trägt, gewinnt. Besonders quirlig ist das Spiel, wenn beide Teams gleichzeitig ihre Schuhe suchen.

TRAMPELBALLON

So geht's:

Jeder Mitspieler bindet sich das eine Ende einer Schnur um den Fußknöchel, das andere Ende wird am Luftballon befestigt. Sind alle Teilnehmer bereit, lassen Sie Musik laufen. Dazu spazieren alle Spieler in einem vorgegebenen Bereich herum. Sobald die Musik stoppt, gilt es, den Ballon der anderen zum Platzen zu bringen, während gleichzeitig der eigene beschützt werden muss. Derjenige Gast, der als letzter noch einen heilen Ballon hat, hat gewonnen.

ab 10 Personen
Spieldauer: etwa 15 Minuten

Das wird gebraucht:
- *flotte Musik*

für jeden Mitspieler
- *eine etwa 50 cm lange Schnur*
- *ein aufgeblasener Luftballon*

IM HAFEN DER EHE

So geht's:

ab 16 Personen
Spieldauer:
etwa 15 Minuten

Um in den Hafen der Ehe zu kommen, sind bei diesem Spiel vor allem schnelle Kandidaten gefragt. Die Teilnehmer bilden einen großen Kreis, immer Männer und Frauen abwechselnd, und halten sich an den Händen. Lösen Sie zwei Mitspieler heraus, die ein Paar bilden. Dieses Paar steht außerhalb und läuft um den Kreis herum. Dabei schlägt es ein weiteres Paar ab. In entgegengesetzter Richtung rennen die beiden Paare, sich immer an den Händen haltend, um den Kreis und versuchen jeweils, die Lücke im Kreis, den rettenden »Hafen der Ehe«, als Erste zu erreichen.

RASANTE MODENSCHAU

So geht's:

ab 8 Personen
Spieldauer:
etwa 20 Minuten

Das wird gebraucht:
- *für jede Mannschaft ein Wäschekorb mit gleichen Kleidungsstücken, z.B. je eine Weste, ein Jackett, eine Krawatte, ein Tuch, ein Paar Handschuhe, ein Hut*

Bei diesem Wettspiel um allerlei Kleidungsstücke teilen Sie die Mitspieler in zwei Gruppen ein. Diese stellen sich jeweils in einer Reihe hintereinander auf. Vor die ersten Spieler in jeder Gruppe wird ein Wäschekorb mit verschiedenen Kleidungsstücken gestellt. Da Ihre Gäste festlich gekleidet und schön frisiert sind, eignen sich am besten Westen, Jacketts, Krawatten, Tücher, Handschuhe und Hüte. Wichtig ist, dass diese Requisiten für jedes Team gleichwertig vorhanden sind. Auf das Kommando »Los« zieht jeweils der erste Spieler eines Teams die Weste an, darüber das Jackett, dann bindet er sich die Krawatte um, legt das Tuch um seine Schultern, streift die Handschuhe über und setzt den Hut auf. Nun läuft er einmal um seine Mannschaft herum, nimmt seinen Platz wieder ein und zieht die Kleidungsstücke in umgekehrter Reihenfolge aus. Erst wenn er die Weste ausgezogen hat, darf der zweite Spieler der Reihe mit dem Anziehen beginnen.

ALLERLEI HERBEI

So geht's:

Für dieses Spiel brauchen Sie einen Stuhlkreis aus zwölf Stühlen. In jeder Runde werden die Spieler aufgefordert, bestimmte Dinge möglichst schnell von der Hochzeitsgesellschaft zu besorgen. Das können z. B. sein: Brillen, Taschentuchpackungen, Krawatten oder Lippenstifte. Sobald sie den Auftrag erfüllt und die Gegenstände in einem Einkaufskorb deponiert haben, dürfen sich die Mitspieler schnell auf einen Stuhl setzen. Der Letzte bekommt keinen Platz mehr und scheidet aus. Außerdem muss er im Januar für das Brautpaar einen Auftrag erfüllen, z. B. das Entsorgen des Weihnachtsbaums. Nun wird ein Stuhl weggenommen und die nächste Runde beginnt. Im Laufe des Spiels erledigen immer weniger Spieler immer schwierigere Aufträge, z. B. das Organisieren von Taschenspiegeln oder Gürteln. Nach jedem Durchgang bekommt der ausgeschiedene Mitspieler einen Monatsauftrag, sodass sich das Brautpaar im nächsten Jahr auf viele Dienstleistungen freuen darf.

13 Personen
Spieldauer:
etwa 25 Minuten

Das wird gebraucht:
- zwölf Stühle
- ein Einkaufskorb
- eine Liste mit zwölf Dienstleistungen

BAYERISCHES DISKUSWERFEN

So geht's:

Jeder Teilnehmer erhält drei bis vier Bierdeckel. Nun müssen die Spieler reihum versuchen, aus mindestens drei bis vier Metern Abstand in einen aufgezeichneten Kreidekreis oder einen Papierkorb zu treffen. Jeder gelungene Wurf ist ein Punkt. Gewonnen hat, wer die meisten Treffer landen konnte.

ab 10 Personen
Spieldauer:
etwa 5 Minuten

Das wird gebraucht:
- für jeden Mitspieler drei bis vier Bierdeckel
- Kreide zum Markieren des Zielkreises oder ein Papierkorb

BIERDECKELKUNST

ab 10 Personen
Spieldauer:
etwa 25 Minuten

Das wird gebraucht:
– für jedes Spielerpaar etwa 5 Bierdeckel

Bilden Sie aus den Gästen mehrere Spielerpaare, die gegeneinander spielen sollen. Verteilen Sie auf dem Boden des Raumes die Bierdeckel. Nun stellen sich die Paare mit genügend Abstand zu den anderen auf. Dieses Spiel hat so viele Spielzüge, wie Sie Bierdeckel pro Paar planen. In jeder Runde müssen die Paare Bierdeckel aufnehmen und an der vorgegebenen Stelle platzieren. Hier einige Beispiele für mögliche Kommandos: »Die Herren nehmen jetzt einen Bierdeckel auf« – warten, bis die Mitspieler so weit sind – »und verstauen ihn unter dem Kinn der Dame.« Wieder warten, dann die nächste Runde: »Jetzt nehmen die Damen einen Bierdeckel« – warten – »und klemmen ihn unter die linke Achsel des Herrn.« Das Schwierige an diesem Spiel ist, dass die aufgenommenen Bierdeckel unbedingt am einmal bestimmten Ort verbleiben müssen. Wer einen Bierdeckel fallen lässt, scheidet aus. Sie dürfen vergnügt beobachten, wie sich die Paare immer mehr verrenken, um auch die letzten Bierdeckel unterzubringen.

KRÄCKER-STAFFEL

So geht's:

ab 10 Personen
Spieldauer:
etwa 15 Minuten

Das wird gebraucht:
für jede Mannschaft
– ein Stuhl
– eine Packung Kräcker

Bilden Sie aus den Mitspielern zwei gleich große Mannschaften, die sich hintereinander in einer Linie aufstellen. Stellen Sie in einigem Abstand vor jeder Gruppe einen Stuhl auf, eine Packung Kräcker daneben. Auf Ihr Kommando läuft der erste Mitspieler zum Stuhl. Dort nimmt er einen Kräcker aus der Packung, setzt sich auf den Stuhl und isst ihn. Sobald der Mitspieler pfeifen kann, muss er die erste Zeile des Liedes »Kuckuck, Kuckuck ruft's aus dem Wald« pfeifen. Dann läuft er zu seiner Mannschaft zurück und schlägt den nächsten Läufer ab.

DER HEISSE STUHL

So geht's:

Teilen Sie die Kandidaten in Paare ein. Jedem Paar geben Sie einen Namen, den die Partner auf das Etikett schreiben und gut lesbar auf der Kleidung befestigen. Nun setzen sich die Paare so in einen Stuhlkreis, dass die Partner einander gegenübersitzen. Bei diesem Spiel geht es darum, paarweise im Kreis von Stuhl zu Stuhl weiterzurutschen. Sie rufen den Namen eines Paares auf. Die beiden müssen aufstehen und sich im Uhrzeigersinn einen Platz weiter setzen. Wenn dort besetzt ist, setzt man sich eben auf den Schoß des Nachbarn. Der untere von den beiden Mitspielern kann allerdings so lange nicht seinen Stuhl verlassen, wie jemand auf seinem Schoß sitzt. Es ist durchaus möglich, dass es zeitweise auf einem Stuhl ein ziemliches Gedränge gibt. Ziel des Spiels ist es, so schnell wie möglich wieder auf den alten Platz zu kommen. Gewonnen hat das Paar, das als erstes auf seinem alten Platz sitzt - aber nur, wenn dort kein anderer sitzt.

ab 10 Personen
Spieldauer:
etwa 20 Minuten

Das wird gebraucht:
- eine Liste mit witzigen Namen für jeden Mitspieler
- Klebeetiketten
- Filzstifte
- ein Stuhl für jedes Paar

GEFÄHRLICHE RASUR

So geht's:

Jeder Mitspieler erhält seine Ausrüstung. Da die Rasierer scharfe Klingen haben, ist der Umgang mit ihnen nicht ganz ungefährlich. Lassen Sie daher nur Erwachsene mitspielen. Auf Kommando wird der Luftballon mit Rasierschaum eingeseift und mit dem Einwegrasierer rasiert. Wer seinen Ballon am schnellsten rasiert, ohne dass dieser platzt, hat gewonnen.

ab 5 Personen
Spieldauer:
etwa 5 Minuten

Das wird gebraucht:
für jeden Mitspieler
- ein aufgeblasener Luftballon
- Rasierschaum und Einwegrasierer

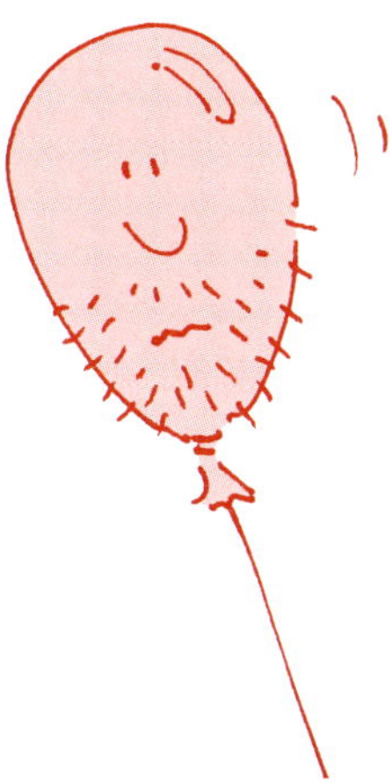

ORANGENSTAFFEL

ab 10 Personen
Spieldauer: etwa 15 Minuten

Das wird gebraucht:
– für jede Mannschaft eine große Orange oder ein Softball entsprechender Größe

So geht's:

Erinnern Sie sich an die köstliche Szene im Klassiker »Charade« von 1963, als der elegante Cary Grant versuchte, den Orangentanz mit einer äußerst uneleganten, dicken Partnerin zu tanzen? Hier ist die Mannschaftsvariante als Partyspiel, das Ihre Gäste einander wirklich näher bringt. Teilen Sie dazu die Kandidaten in gleich große Teams auf. Die erste Person jedes Teams klemmt sich eine Orange unters Kinn. Nun müssen die Mitspieler versuchen, die Orange durch das ganze Team hindurch weiterzugeben, aber ohne dabei die Hände zu Hilfe zu nehmen. Fällt die Orange herunter, muss bei der Person weitergemacht werden, die sie zuletzt erfolgreich weitergegeben hat. Das Team, das als erstes die Orange vom ersten bis zum letzten Spieler weitergereicht hat, gewinnt.

Variation:

Als Variation können Sie dieses Spiel auch als Paarspiel bei Musik durchführen. Jedes Paar bekommt eine Orange und klemmt sie sich zwischen die Stirn. Nun müssen sich die Tanzpaare zur Musik bewegen. Sie können erschwerend auch ansagen, wie zu tanzen ist: z. B. drei Schritte vor, zwei Schritte seitwärts nach links, drei Schritte zurück, eine halbe Drehung nach rechts usw. Ausscheiden müssen die Paare, die ihre Orange verlieren.

So geht's:

Auch ein Hindernisrennen sollte auf einem größeren Fest wie einer Hochzeitsfeier nicht fehlen. Hindernisrennen sind beliebt, machen sehr viel Spaß und lassen, wenn sie entsprechend gestaltet sind, auch die weniger sportlichen Gäste zu ihren Erfolgserlebnissen kommen. Teilen Sie die Mitspieler in zwei Mannschaften. Die Mitspieler müssen jeweils den gesamten Parcours durchlaufen, bevor die nächsten an die Reihe kommen. Das Rennen ist beendet, wenn der letzte Mitspieler zu seiner Gruppe zurückgekehrt ist. Die schnellste Mannschaft gewinnt.

Ein Hindernisrennen können Sie beispielsweise so gestalten:

- Dem jeweiligen Spieler werden die Augen verbunden. Durch Zurufe von einem oder mehreren Mitspielern seiner Mannschaft wird er an im Raum verteilten Stühlen vorbeigelotst.
- Jeweils zwei Spieler (eine Dame, ein Herr) sind mit einem Bein zusammengebunden und müssen sich als »Dreibeiner« auf einer vorgegebenen Bahn schnellstmöglich vorwärts bewegen.
- Die Spieler müssen mit Hilfe eines Spiegels einen vorgegebenen Weg rückwärts gehen.
- Die Mitspieler bauen einen möglichst hohen Turm aus Dosen.
- Jeder Mitspieler muss einen Knopf annähen, eine Kartoffel schälen oder eine Kartenpyramide errichten.

ab 10 Personen
Spieldauer: etwa 25 Minuten

Das wird gebraucht:
– etwa 10 Stühle, im Raum verteilt
– für jede Mannschaft, je nach Ausgestaltung des Parcours: eine Augenbinde; ein etwa ein Meter langes Band; Handspiegel; 10 – 15 leere Blechdosen; für jeden Mitspieler Nähnadel, Faden, Schere, Stoffstück und ein Knopf; Kartoffelschäler und für jeden Mitspieler eine Kartoffel; ein Set Spielkarten

HAUTNAH

ab 20 Personen
Spieldauer:
etwa 25 Minuten

Das wird gebraucht:
– Musik

So geht's:

Ein Spiel für alle Gäste – denn je mehr mitmachen, desto toller. Wichtig ist allerdings, dass jeder Teilnehmer sich konzentriert, damit die Sache gut klappt. Lassen Sie Musik laufen. Alle Mitspieler bilden einen großen Kreis. Sie stehen dicht hintereinander, fast auf Tuchfühlung. Achten Sie darauf, dass der Kreis möglichst rund und gleichmäßig ist. Nun wird es spannend. Jeder Mitspieler muss die Taille des Vordermannes umfassen. Auf Ihr Kommando setzt sich jeder vorsichtig auf die Oberschenkel des Hintermannes oder der Hinterfrau. Klappt alles, dürfte das Ergebnis ein ebenmäßiger Menschensitzkreis sein, doch vermutlich ist eine weitere Übungsrunde erforderlich. Hat die Mitspieler erst einmal der Ehrgeiz gepackt, wollen sie zeigen, dass sie etwas wirklich Außergewöhnliches zustande bringen. Beim dritten Versuch funktioniert der fantastische Sitzkreis ganz bestimmt. Fotografieren nicht vergessen!

Variante:

Klappt der Kreis, können Sie eine echte Herausforderung schaffen und verschiedene Erschwernisse einbauen – ein fantastisches Gefühl für alle Mitwirkenden. Sobald alle Teilnehmer ruhig auf dem Schoß des Hintermannes sitzen, geben Sie verschiedene Kommandos wie:

- erst die linke, dann die rechte Hand von der Taille des Vordermannes lösen,
- die Hände auf die Schulter des Vordermannes oder der Vorderfrau legen,
- alle heben gleichzeitig erst den rechten Fuß, dann den linken,
- und die schwierigste Übung: Im Gleichtakt bewegt sich der ganze Kreis vorwärts.

EIN DECKEL AUF JEDEN TOPF

ab 5 Personen
Spieldauer: etwa 10 Minuten

Das wird gebraucht:
– 20 unterschiedliche Gefäße mit Schraubdeckeln
– drei Körbe

So geht's:

Beginnen Sie rechtzeitig vor der Hochzeitsfeier mit dem Sammeln, denn je verschiedener die Behälter sind, desto kniffliger wird das Spiel. Die Mitspieler werden in zwei Gruppen aufgeteilt. Stellen Sie vor jede Gruppe einen Korb, der zehn verschiedene leere, verschraubbare Behälter enthält, z. B. Marmeladengläser, Sahneflaschen, Cremedöschen oder Gefrierbehälter. In einem dritten Korb, der in einem Abstand von einigen Metern zu den Teams steht, liegen alle Deckel kunterbunt durcheinander. Auf ein Startzeichen läuft von jeder Gruppe ein Spieler zum Deckelkorb, wählt einen Deckel aus, läuft zurück und versucht, einen der Behälter damit zuzuschrauben. Dann ist der Nächste an der Reihe. Gewonnen hat die Gruppe, die als erste alle Behälter richtig verschlossen hat.

KORKEN HÄUFELN

ab 20 Personen
Spieldauer:
etwa 15 Minuten

Das wird gebraucht:
- *für jeden Mitspieler ein Stuhl*
- *etwa 60 Weinkorken in einem Korb*
- *für jede Mannschaft ein leerer Eimer*
- *Stoppuhr*

So geht's:

Für alle Gäste, die vom Tanzen schon heiße Füße haben, ist dieses Spiel eine willkommene Abkühlung, denn dabei werden Korken mit den Zehen weitergegeben. Bilden Sie mehrere Mannschaften; so richtig spannend wird es ab drei aufwärts. Die Spieler jeder Mannschaft sitzen nebeneinander – etwa 50 Zentimeter voneinander entfernt – und haben Schuhe, Socken oder Strümpfe ausgezogen. Beim ersten Spieler steht ein Korb mit Weinkorken, beim letzten ein leerer Eimer. Auf Kommando und mit gleichzeitigem Start der Stoppuhr nimmt der erste Spieler mit der Hand einen Korken aus dem Korb und gibt ihn mit den Zehen an den nächsten weiter. Es darf kein Gruppenmitglied übersprungen werden. Gewonnen hat die Mannschaft, die innerhalb einer bestimmten Zeit die meisten Korken in ihren Eimer schaffen konnte.

OHNE AMORS PFEIL

ab 10 Personen
Spieldauer:
etwa 15 Minuten

Das wird gebraucht:
- *für jeden Mitspieler zehn Papierkügelchen*
- *Tisch mit zehn Flaschenkorken*
- *Gummiringe mit etwa 10 cm Durchmesser*

So geht's:

Dieses Spiel kann als Mannschaftsspiel oder als Einzelwettbewerb gestaltet werden. Für das Spiel in der Gruppe bilden Sie Teams, wobei nach jedem »Schuss« der Mitspieler des nächsten Teams an der Reihe ist. In eineinhalb Metern Entfernung stellen Sie zehn Korken im Abstand von etwa sechs Zentimetern nebeneinander auf einen Tisch. Die Mitspieler spannen den Gummiring zwischen Daumen und Zeigefinger und versuchen, mit einem Papierkügelchen einen Korken zu treffen. Für jeden umgeworfenen Korken gibt es einen Punkt. Die Mannschaft mit den meisten Punkten siegt.

ABSCHLEPPKOMMANDO

ab 7 Personen
pro Gruppe drei Personen und ein Fahrer
Spieldauer: etwa 5 Minuten

Das wird gebraucht:
- *ein Auto*
- *ein langes Abschleppseil*
- *eine Stoppuhr*
- *ein Maßband*

So geht's:

Dieses Kräftemessen eignet sich für eine große ebene Fläche, z. B. einen Parkplatz. Ein Spiel für starke Gäste, denn hierbei muss ein Auto mit Hilfe eines Abschleppseils bewegt werden. Bilden Sie Gruppen mit jeweils mindestens drei, maximal zehn Teilnehmern. Ein Fahrer sitzt im Auto, betätigt Lenkung und Bremse und achtet darauf, dass niemand in Gefahr gerät. Auf Kommando startet ein Team und versucht, in 10 oder 20 Sekunden das Auto so weit wie möglich zu ziehen. Verwenden Sie aus Sicherheitsgründen ein möglichst langes Abschleppseil und sorgen Sie dafür, dass die Gruppe etwa fünf Meter Sicherheitsabstand zum Auto hat. Die Mannschaft, die es am weitesten schafft, gewinnt.

ZIMMERSERVICE FÜR DAS BRAUTPAAR

ab 8 Personen
Spieldauer: etwa 10 Minuten

Das wird gebraucht:
- *für jede Mannschaft ein Tablett, ein Luftballon, zehn Pappbecher und Wasser zum Füllen der Becher*

So geht's:

Für dieses Spiel werden zwei Gruppen benötigt. Jede Gruppe erhält einen Luftballon, der zwischen den Knien festgehalten werden soll, und ein Tablett mit 10 leeren oder mit wenig Wasser gefüllten Pappbechern. So ausgestattet müssen die Mitspieler nacheinander zum vereinbarten Ziel und zurücklaufen.
Alles, was herunterfällt, muss wieder aufgesammelt werden. Erst dann darf der Nächste in der Reihe »servieren«, bis alle durch sind. Fotoapparat nicht vergessen.

Wenn das Hochzeitsmenü verspeist ist und die obligatorischen Reden gehalten sind, empfiehlt es sich, der Feier durch geschickt ausgewählte Programmpunkte neuen Schwung zu geben, damit Ihre Gäste nicht sang- und klanglos im »Verdauungsloch« verschwinden. Geschicklichkeitsspiele z. B. machen frisch, Quizspiele regen die kleinen grauen Zellen an. Setzen Sie darauf, dass sich viele Menschen immer wieder für derartige Spiele begeistern lassen – über alle Altersstufen hinweg.

DEN BRAUTSTRAUSS BINDEN

etwa 10 Personen
Spieldauer:
etwa 10 Minuten

Das wird gebraucht:
- *für jeden Mitspieler ein Pappteller*
- *Tesafilm*
- *Dekorationsmaterialien, z. B. Dekoblumen, bunte Bänder, Pfeifenreiniger, Krepppapier, Toilettenpapier, Gummibänder*
- *Stoppuhr*

So geht's:

Wählen Sie etwa zehn Gäste aus, die ein »Brautbouquet« für ihre eigene Hochzeit basteln sollen – tatsächlich wird dabei alles kunterbunt mit Tesafilm auf den Pappteller geklebt. Die Teilnehmer haben nur eine Minute Zeit, um ihr Prachtstück zu kreieren. Die übrigen Gäste sind die Juroren, die den schönsten Brautstrauß beurteilen. Das Siegerstück wird dann von der dazugehörigen »Braut« unter die Gäste geworfen. Wer ihn fängt, wird als Nächster heiraten. – Es ist ein Riesenspaß zu sehen, was Ihre Gäste so alles in einer Minute zustande bringen!

RATE RICHTIG!

So geht's:

Packen Sie die Gegenstände vorher in eine große Papiertüte, die Sie mit Heftklammern verschließen. Die Tüte wird von einem Mitspieler zum nächsten weitergegeben. Jeder Teilnehmer hat eine Minute Zeit, um die Gegenstände durch Fühlen zu erraten, dann notiert er, was er erkannt zu haben glaubt. Sobald alle Kandidaten die Gelegenheit hatten, die Tüte zu betasten, gibt jeder seinen Notizzettel an seinen Nachbarn weiter. Nun öffnen Sie die Tüte und entnehmen Stück für Stück die verborgenen Gegenstände. Gleichzeitig hakt jeder auf dem Blatt des Nachbarn die richtigen Antworten ab. Wer die meisten richtigen Antworten hat, gewinnt.

etwa 10 Personen
Spieldauer:
etwa 15 Minuten

Das wird gebraucht:
– große Papiertüte
– zehn Gegenstände aus der Küche, z. B. Kochlöffel, Kartoffelschäler, Knoblauchpresse, Fleischgabel
– für jeden Mitspieler Stift und Papier

LIEBE DEINEN NACHBARN

So geht's:

Sämtliche Teilnehmer sitzen in einem Stuhlkreis. Ein Spieler steht in der Mitte, für ihn gibt es keinen Stuhl. Nun fragt der Spieler in der Mitte einen Mitspieler aus dem Stuhlkreis: »Liebst du deinen Nachbarn?« Antwortet der Befragte mit »Ja«, müssen seine Nachbarn links und rechts den Platz tauschen. Gleichzeitig versucht der Spieler in der Mitte, einen dieser Stühle zu ergattern. Antwortet der Befragte jedoch: »Nein, ich liebe nur (z. B.: Leute, die weiße Socken tragen, Menschen über dreißig usw.)«, müssen alle Teilnehmer, auf die diese Antwort zutrifft, schnellstmöglich ihre Plätze tauschen. Danach geht die Befragung weiter. Wer seinen Stuhl verliert, übernimmt die Rolle des Fragers in der Kreismitte.

etwa 20 Personen
Spieldauer:
etwa 10 Minuten

Das wird gebraucht:
– für jeden Mitspieler ein Stuhl

WEITER IM TEXT

etwa 5 Personen
Spieldauer:
etwa 15 Minuten

Das wird gebraucht:
- *eine Liste mit etwa 20 verschiedenen Sprichwörtern*
- *für jeden Mitspieler ein Stuhl*
- *eine Tüte Bonbons*

So geht's:

Die Teilnehmer sitzen im Kreis. Sie lesen den Anfang eines Zitats oder Sprichwortes vor. Wer den Satz richtig vollenden kann, ruft die Lösung laut aus. Wer am schnellsten antwortet, bekommt ein Bonbon.

Hier einige Vorschläge für Sprichwörter und Zitate:

- Wenn gute Reden sie begleiten, dann fließt die Arbeit munter fort. (Friedrich Schiller)
- Trinkt, o Augen, was die Wimper hält, von dem goldenen Überfluss der Welt. (Gottfried Keller)
- Die Axt im Haus erspart den Zimmermann. (Sprichwort)
- Das Kind mit dem Bad ausschütten. (Redensart)
- Bescheidenheit ist eine Zier, doch weiter kommst du ohne ihr. (Berliner Redensart)
- Der Mensch lebt nicht vom Brot allein. (Bibel)

DIE WÜRZE DES LEBENS

ab 10 Personen
Spieldauer:
etwa 20 Minuten

Das wird gebraucht:
- *etwa 20 verschiedene Gewürze und getrocknete Kräuter in neutralen Gefäßen*
- *für jeden Mitspieler ein Stuhl, Papier und Stift*
- *eine Lösungsliste*
- *für die Spielvariante eine Augenbinde*

So geht's:

Für dieses Spiel werden die verschiedenen Gewürze und Kräuter in kleine unbeschriftete, nummerierte Gefäße gefüllt. Die Mitspieler sitzen im Kreis, geben die Gläschen weiter und versuchen durch Riechen herauszufinden, um welche Gewürze es sich handelt. Am Ende des Spiels gleichen Sie die Ergebnisse der Gäste mit Ihrer Lösungsliste ab. Wer hatte das feinste Näschen?

Variante:

Anstelle von Kräutern und Gewürzen reihen Sie Speisen und Flüssigkeiten, z. B. Mehl, Zitronensaft, Marmelade, Nussnougat-Creme usw., auf einem Tisch auf. Die Kandidaten müssen zuvor den Raum verlassen. Verbinden Sie ihnen nacheinander die Augen, wenn sie wieder hereingeholt werden. Am Tisch müssen sie den Inhalt der Gläschen bestimmen. Wer die meisten richtigen Antworten geben kann, gewinnt.

MUTTERS RATSCHLAG

So geht's:

etwa 8 Personen
Spieldauer:
etwa 25 Minuten

Bei diesem Spiel heißt es für die Teilnehmer in die Vergangenheit tauchen. Damit es nicht zu lange dauert, sollten Sie die Mitspielerzahl auf etwa acht Personen begrenzen, so kann jede etwa drei Minuten erzählen. Denn alle sollen vom jeweils besten und schlimmsten Ratschlag ihrer Mutter oder Großmutter erzählen. Sobald alle berichtet haben, stimmen die Gäste ab, welche Empfehlung die beste, welche die schlechteste war. Die Sieger in jeder Kategorie erhalten einen Preis.

DIE SCHÖNSTEN LIEBESLIEDER

So geht's:

ab 10 Personen
Spieldauer:
etwa 15 Minuten

Das wird gebraucht:
– CD mit etwa 20 bekannten Liebesliedern

Stellen Sie im Vorfeld der Feier eine CD mit bekannter Filmmusik oder populären Liedern zusammen - idealerweise Lieder zum Thema Liebe, z. B. Nat King Cole: Unforgettable, Beatles: All You Need Is Love, Elvis Presley: Are You Lonesome Tonight, Al Martino: Spanish Eyes, Ray Charles Singers: Love Me With All Your Heart, Pat Boone: Love Letters In The Sand, Louis Armstrong: Hello Dolly, Dionne Warwick: I'll Never Fall In Love Again ...

Nun werden die ersten dreißig Sekunden eines Liedes vorgespielt, dann nehmen Sie den Ton weg. Wer das Lied erkennt, muss sofort frei mitsingen bzw. mitsummen. Nach weiteren zwanzig Sekunden drehen Sie die Lautstärke wieder hoch, dann wird sich erweisen, wie sangesfest die Teilnehmer sind und wie gut sie den Rhythmus halten. Freuen Sie sich über den »Wohlklang« dieses A-Capella-Chores!

REIS FÜR DIE BRAUT

ab 10 Personen
Spieldauer:
etwa 10 Minuten

Das wird gebraucht:
- *eine große Salatschüssel*
- *ein Kilo ungekochter Reis*
- *50 kleine Sicherheitsnadeln*
- *eine Stoppuhr*

So geht's:

Oft wird das Brautpaar nach der Trauung mit Reis beworfen. Reis symbolisiert den Wunsch nach einer fruchtbaren, kinderreichen Ehe. Für dieses Spiel geben Sie den ungekochten Reis in die Schüssel. Darunter mischen Sie die geschlossenen Sicherheitsnadeln. Nun greifen die Mitspieler nacheinander in die Schüssel und versuchen, möglichst viele Sicherheitsnadeln herauszuholen. Dazu hat jeder nur eine Minute Zeit. Wer die meisten Nadeln herausgefischt hat, ist Sieger.

LASS DEIN FINGERLEIN FÜHLEN

4 bis 8 Paare
Spieldauer:
etwa 15 Minuten

Das wird gebraucht:
- *eine drei bis vier Meter lange Wand aus Stoff oder Papier*
- *in die Wand schneiden Sie in Brusthöhe Löcher, durch die die Mitspieler ihren kleinen Finger stecken*
- *Stoppuhr*

So geht's:

Sie suchen sich für dieses Spiel vier bis acht Paare. Natürlich kann auch das Hochzeitspaar mitspielen. (Noch schwieriger wird es, sollten sich einige überzählige Damen dazuschmuggeln.) Die Herren verlassen den Raum. Unterdessen wird die »Wand« von Helfern hochgehalten und quer vor dem Publikum gespannt.

Die Damen stellen sich gut gemischt hinter der Wand auf und stecken jeweils ihren kleinen Finger durch ein Loch in der Papierwand. Nun werden die Herren wieder hereingeholt. Sie haben zwei Minuten Zeit, um ihre »richtige« Dame anhand des Fingers zu erkennen. Die Damen müssen schweigen! Eine besonders effektvolle Auflösung des Ratespiels ist, wenn die obere Hälfte der Wand heruntergeklappt wird und die Köpfe der Damen sichtbar werden. Anschließend können Sie die Herren befragen, woran sie ihre Damen erkannt zu haben glaubten.

HÄTTEN SIE'S GEWUSST?

etwa 10 Personen
Spieldauer: etwa 15 Minuten

Das wird gebraucht:
– Liste mit etwa 15 Fragen und Antworten

So geht's:

Hier müssen die Mitspieler Rätselfragen beantworten. Wählen Sie Ihre Kandidaten aus und schon kann der Spaß beginnen.

Hier einige Beispiele:

1. Wer hat es bequemer, der Kaffee oder der Tee? (der Kaffee: Er kann sich setzen, der Tee dagegen muss ziehen.)
2. Was möchte jeder werden, aber keiner sein? (alt)
3. Wo steht beim Blasen der Trompeter? (hinter der Trompete)
4. Was brennt Tag und Nacht, ohne selbst zu verbrennen? (die Brennnessel)
5. Warum sind Hunde oft böse auf Briefträger? (weil sie nie Post bekommen)

Mehr Anregungen finden Sie im Internet: www.unterhaltungsspiele.com/Knobelspiele

ACHTUNG, FERTIG, QUIZ: VOM LIEBEN GELD

etwa 10 Personen
Spieldauer:
etwa 20 Minuten

Das wird gebraucht:
- *für jeden Mitspieler ein Stift und eine Liste mit Fragen und Antwortmöglichkeiten*
- *eine Liste mit Lösungen*
- *Stoppuhr*

So geht's:

Junge Paare sind oft knapp bei Kasse. Was liegt da näher, als ein Quiz mit Fragen zum Geld anzubieten? Verteilen Sie an die Kandidaten eine Liste mit Fragen. Stifte nicht vergessen. Nun haben alle 20 Minuten Zeit, die Fragen zu beantworten. Anschließend vergleichen Sie die Lösungen und lösen die Fragen mit den richtigen Antwort auf.

Hier sind einige Fragen mit Lösungsmöglichkeiten und den richtigen Antworten.

1. Wie lautet der Zauberspruch, mit dem sich Ali Baba Zugang zur Räuberhöhle verschafft: Abrakadabra, Simsalabim, dreimal schwarzer Kater, Sesam öffne dich, Hokus pokus fidibus?

Antwort: Die 40 Räuber öffnen den Felsen mit dem Zauberwort »Sesam öffne dich!«. Ali Baba, der sie belauscht, kann mit dem Zauberwort in die Höhle eindringen und holt sich drei Eselslasten voll Gold.

2. In welchem Märchen muss die Tochter eines Müllers Stroh zu Gold spinnen: Rumpelstilzchen, Schneewittchen, Aschenputtel?

Antwort: Wer kennt sie nicht, die Müllerstochter, die im »Rumpelstilzchen« fast verzweifelt, weil sie für den König drei Kammern voll Stroh zu Gold spinnen soll?

3. Von wem stammt der Ausspruch »Dem Geld darf man nicht hinterherlaufen, man muss ihm entgegengehen.«: Bill Gates, Dagobert Duck, Aristoteles Onassis?

Antwort: Dieser Spruch stammt von Aristoteles Onassis (1906 - 1975), erfolgreicher Geschäftsmann, Besitzer einer der größten Tankerflotten sowie von Fluggesellschaften, Banken usw.

4. Wer ist ein »Meister« im Tauschhandel: Hans im Glück, der gestiefelte Kater, Ali Baba?

Antwort: Natürlich ist dies Hans im Glück. Für sieben Jahre Dienst erhält er einen großen Goldklumpen. Dann beginnt das große Tauschen: Goldklumpen gegen Pferd, Pferd gegen Kuh usw., bis er zuletzt eine Gans gegen einen Mühlstein tauscht. Schließlich fällt der schwere Brocken dem guten Hans beim Trinken in den Brunnen.

5. Andersens Märchen gehören zu den Bekanntesten: Das Mädchen mit den Schwefelhölzern, Der standhafte Zinnsoldat, Die Prinzessin auf der Erbse. Welches der folgenden Märchen stammt außerdem von ihm: Der silberne Schilling, Der Wandertaler, Der güldene Groschen?

Antwort: »Der silberne Schilling« stammt auch von Hans Christian Andersen (1805 - 1875). Es erzählt die Geschichte einer Münze, die im Geldbeutel ihres Besitzers ins Ausland reist, dort verloren geht, als vermeintliches Falschgeld klägliche Erfahrungen macht und schließlich glücklich heimkehrt.

6. Figur in einer berühmten Weihnachtsgeschichte ist der Geizhals Scrooge. Wer hat sie geschrieben: Walt Disney, Charles Dickens, Joanne K. Rowling?

Antwort: Autor ist der englische Dichter Charles Dickens (1812 - 1870). Die Geschichte erschien erstmals 1843 unter dem Titel »A Christmas Carol in Prose. Being a Ghost Story for Christmas«.

7. »Pecunia non olet - Geld stinkt nicht« - von welchem römischen Kaiser ist dieser Ausspruch: Augustus (27 v. Chr. - 14 n. Chr.), Vespasian (9 - 79), Hadrian (117 - 138)?

Antwort: Vespasian soll von seinem Sohn getadelt worden sein, da er die römischen Bedürfnisanstalten mit einer Steuer belegte. Daraufhin soll er ihm das eingenommene Geld unter die Nase gehalten haben mit der Frage, ob es stinke.

TRIVIAL PURSUIT

So geht's:

etwa 10 Personen
Spieldauer:
etwa 20 Minuten

Das wird gebraucht:
- eine Liste mit etwa 20 Fragen zu berühmten Paaren

In Anlehnung an den modernen Klassiker Trivial Pursuit ist auch dieses Spiel eine spannende Mixtur aus Fragen und Antworten. Hier ist Ihr Einfallsreichtum gefragt, denn Sie benötigen eine Liste mit Fragen zu berühmten Paaren, und schon kann das beliebte Quiz um Wissen und Köpfchen beginnen. Teilen Sie die Mitspieler in zwei oder mehr Teams ein und stellen Sie eine Frage. Die Gruppe, die als erste antwortet, bekommt den Punkt. Wer die meisten Punkte gesammelt hat, gewinnt.

Hier einige Beispiele für Fragen:

- Wie hieß das berühmteste Tanzpaar aller Zeiten? (Fred Astaire und Ginger Rogers)
- Welches Komödiantenpaar ist verheiratet? (Walter Giller und Nadja Tiller)
- Wie oft war Elizabeth Taylor verheiratet? (acht Mal)
- Wie lautet der Mädchenname von Donald Trumps erster Frau? (Ivana Marie Trump, geb. Zelníãková)

SCHARADE

So geht's:

etwa 10 Personen
Spieldauer:
etwa 25 Minuten

Das wird gebraucht:
- Notizzettel und Stifte

Die Scharade ist ein sehr populäres Spiel für Hochzeitsfeiern. Die Teilnehmer bilden zwei Gruppen. Jeder notiert auf einem Zettel den Titel eines Films oder einer Fernsehshow oder den Namen einer Berühmtheit aus Politik und Zeitgeschehen. Die Mitspielenden ziehen nun beim jeweils anderen Team einen Zettel und stellen einer nach dem anderen im Wechsel mit der zweiten Gruppe den gezogenen Titel oder die Person pantomimisch dar, bis die übrigen Teilnehmer erraten haben, worum es geht.

So geht's:

Legen Sie die Gegenstände auf ein Tablett und bedecken Sie sie mit einem Tuch. Die Mitspieler sitzen im Kreis. Sie stellen das Tablett in der Mitte auf den Boden, sodass alle gut sehen können. Nehmen Sie das Tuch weg und geben Sie allen zwei Minuten Zeit, sich die Utensilien einzuprägen. Dann bedecken Sie das Tablett wieder. Alle Mitspieler bekommen Zettel und Stift und versuchen, auf das Kommando »Los« in 30 Sekunden so viele Gegenstände wie möglich aus der Erinnerung aufzuschreiben. Sieger ist, wer die meisten Dinge aufschreiben konnte.

Variante 1:

Befestigen Sie vor der Hochzeitsfeier die Küchenutensilien auf einer Küchenschürze. Die Braut zieht die Schürze an und lässt die Mitspieler eine Minute darauf schauen. Dann wird die Schürze weggelegt. Aus dem Gedächtnis notieren die Gäste, was auf der Schürze war. Wer die meisten Gegenstände korrekt wiedergeben kann, gewinnt. Und die Schürze wird zum praktischen Geschenk für die Braut!

Variante 2:

Wer gehört zusammen? Adam und Eva, Rubens und Isabella Brandt? Die 72 Memory-Karten werden mit der Bildseite nach unten auf einen Tisch gelegt. In jeder Runde darf jeder Spieler zwei Karten aufdecken, und zwar so, dass die anderen Mitspieler die Motive sehen können. Findet man ein zusammengehöriges Paar, darf man es behalten. Wenn nicht, werden die Karten wieder umgedreht und der Nächste versucht sein Glück. Wer am Schluss die meisten Paare gefunden hat, ist der Gewinner. Das Spiel erhält das Brautpaar als Geschenk.

ab 10 Personen
Spieldauer: etwa 5 Minuten

Das wird gebraucht:
– für jeden Mitspieler Stuhl, Papier und Stift
– 15 bis 20 Dinge, die zum Thema Hochzeit passen, z.B. Kerze in Herzform, Plastik-Ehering, kleines Stück Tüll, weißes Spitzentaschentuch, blaues Strumpfband, »Just-married-Aufkleber«, Radiergummi in Tortenform usw.
– Tablett und Tuch
– Stoppuhr

Variante 1:
– etwa 10 bis 20 neue Küchenutensilien, z. B. Apfelausstecher, Backpinsel, Buttermesser, Teesieb usw.
– Küchenschürze

Variante 2:
bis 6 Personen

Das wird gebraucht:
– Memo-Kunstspiel »Paare« (Alte und Neue Pinakothek München) von Prestel

HOCHZEITSQUIZ

alle Gäste
Spieldauer:
etwa 10 Minuten

Das wird gebraucht:
- *für jeden Mitspieler ein Stift und eine Liste mit Fragen und Antwortmöglichkeiten*
- *Liste mit Lösungen*
- *Stoppuhr*
- *drei »wertvolle« Preise, z.B. eine Dose Ravioli, ein Lolli, eine Wundertüte*

So geht's:

Bei diesem Quiz sollen alle Hochzeitsgäste mitmachen. Die Fragebogen müssen Sie vorbereiten und für jeden Gast ein Exemplar kopieren. Fragen Sie nach den unterschiedlichsten Dingen, die Braut und Bräutigam betreffen: nach dem Alter der Braut, der Schuhgröße des Bräutigams, Lieblingsfarben, Sternzeichen, Lieblingsspeisen, bevorzugte Musik, andere Vorlieben usw. Sind die Fragebogen ausgefüllt, werden sie eingesammelt und ausgewertet. Für jede richtig beantwortete Frage gibt es einen Punkt. Die drei Gäste mit den höchsten Punktzahlen erhalten dann ihre »wertvollen« Preise.

Variante:

Sie können das Hochzeitsquiz auch ohne Fragebogen durchführen, indem Sie Fragen, die das Brautpaar betreffen, an eine Ratemannschaft aus Hochzeitsgästen stellen. Gewinner ist, wer am meisten über das Brautpaar weiß. Fragen Sie ruhig auch danach, wie die beiden sich kennengelernt haben, wann und wo der erste Kuss gewechselt wurde usw.

WIE HEISSEN BRAUT ODER BRÄUTIGAM?

ab 8 Personen
Spieldauer:
etwa 15 Minuten

Das wird gebraucht:
- *Zeitschriften zum Thema Hochzeit*
- *Fotos von Berühmtheiten*
- *Notizzettel und Stifte für alle Mitspieler*

So geht's:

Schneiden Sie vor dem Hochzeitsfest aus Zeitschriften und Magazinen zum Thema Hochzeit Abbildungen von Brautpaaren aus. Über die Gesichter der Bräute und Bräutigame kleben Sie Fotos von mehr oder weniger bekannten Persönlichkeiten, die Sie ebenfalls aus Zeitschriften ausschneiden. Diese Seiten lassen Sie herumgehen, und die Gäste sollen aufschreiben, wen sie erkennen oder zu erkennen glauben. Wer die meisten richtigen Antworten hat, gewinnt.

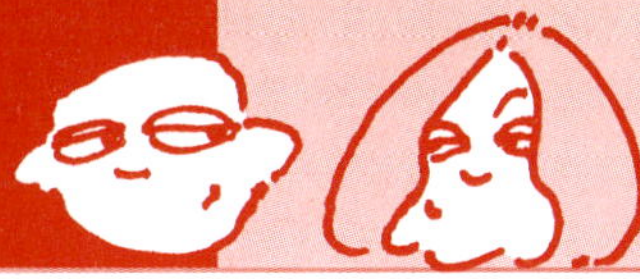

»FRECHE« SPIELE

»Freche« Spiele sind immer ein wenig anzüglich, spritzig und überwinden durch die oft erforderliche Nähe Grenzen zwischen den Gästen. Sie lockern auf diese Weise die Hochzeitsfeier spielerisch auf. Speziell jüngere Gäste werden diese Abwechslung lieben.

Lassen Sie sich von den folgenden Spielideen anregen. Sie sollten aber darauf achten, dass niemand sich auf den Schlips getreten fühlt oder in Verlegenheit gebracht wird. Zwingen Sie niemanden zum Mitmachen. Vermeiden Sie persönliche oder indiskrete Anspielungen, es sei denn, Sie feiern in einer kleinen Gruppe, die auf besonders vertrautem Fuß steht.

Bevor das Spiel beginnt, denken Sie also daran, dass gute Umgangsformen gewahrt werden. Diese Spiele gelingen übrigens am besten, wenn die Stunde bereits etwas fortgeschritten ist und alle bei guter Stimmung sind. Und nicht vergessen: Der Spaß verdoppelt sich, wenn dabei gefilmt und fotografiert wird.

DER LIEBESPREIS

Bei diesem Spiel treten mindestens zehn Paare gegeneinander an. Das Siegerpaar erhält einen Preis.

ab 20 Personen
Spieldauer: etwa 30 Minuten

Das wird gebraucht:
- *für jedes Paar eine Orange*
- *Musik*
- *zehn Karten mit Begriffen zum Thema Liebe*
- *einige Springseile*
- *Ballettmusik*
- *Liste mit zehn Übereinstimmungsfragen*

So geht's:

In der ersten Runde müssen die Paare beim Tanzen eine Orange so lange wie möglich zwischen ihren Körpern halten. Wer die Orange fallen lässt, scheidet aus. Wechseln Sie die Musik, sodass sie immer schneller wird.

In der zweiten Runde erraten die Paare innerhalb von 90 Sekunden Begriffe zum Thema »Liebe«. Dazu haben Sie Karten vorbereitet, z. B. »Küssen, Baby, Kerzenschein«.

Die Karten werden dem Publikum gezeigt, das sie den Kandidaten pantomimisch vorführt. Die Anzahl der erratenen Begriffe ergibt die Punktzahl. Die beiden Paare mit der niedrigsten Punktzahl scheiden aus.

In der dritten Runde geht es um Seilspringen. Ein Partner springt, während der andere eine Melodie auf »a-a-a« singt. Die Anzahl der Sprünge ergibt die Anzahl der Punkte. Auch hier scheiden wieder die beiden Paare mit der niedrigsten Punktzahl aus.

In der vierten Runde spielen Sie Ballettmusik ein, und die verbliebenen Paare müssen besonders originell danach tanzen. Über das Siegerpaar entscheidet das Publikum per Applaus.

In der letzten Runde muss das Siegerpaar bei zehn Fragen seine Übereinstimmung beweisen. Dazu steht es Rücken an Rücken und antwortet per Handzeichen (z. B. Daumen hoch/tief). Hier Beispiele für Fragen: Steht er am Sonntag auf und bringt das Frühstück ans Bett? Lenkt sie zuerst ein nach einem Streit? Wer unternahm den ersten Schritt beim Kennenlernen? Wer ist eifersüchtiger? Wer ist der bessere Autofahrer? Wer hat in eurer Beziehung die Hosen an? Wer ist der größere Langschläfer? Wer kann besser verlieren? Wer jammert mehr, wenn er krank ist? Wer flirtet mehr? – Den Preis gibt es bei mehr als sechs übereinstimmenden Antworten.

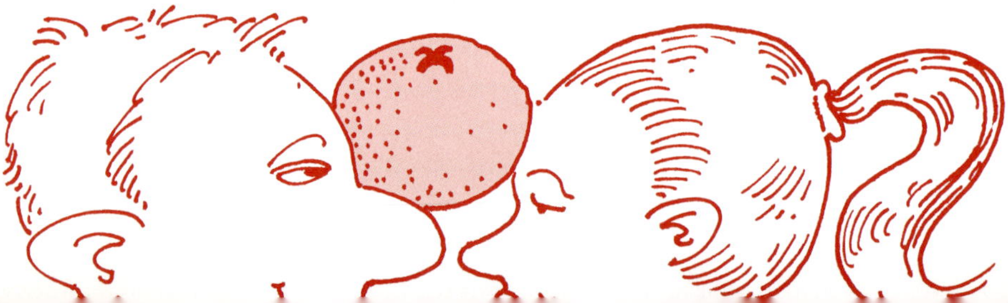

WATTEBÄLLCHENSPIEL

So geht's:

Jedes Paar, das mitspielt, bekommt zwei Schüsseln. Die eine ist leer, die andere ist mit Wattebällchen gefüllt. Alle tupfen sich nun etwas Creme auf die Nase. Ziel des Spieles ist es, die Wattebällchen in einer vorgegebenen Zeit von etwa zwei Minuten nur mit Hilfe der Creme-Nase von der einen Schüssel in die andere zu befördern. Das Spiel ist zu Ende, wenn es dem ersten Paar gelungen ist, alle Wattebällchen in die zweite Schüssel zu bringen. Die Hände dürfen dabei natürlich nicht benutzt werden. Das Gewinnerpärchen bekommt einen Preis.

ab 10 Personen
Spieldauer:
etwa 5 Minuten

Das wird gebraucht:
– für jedes Paar zwei Plastikschüsseln, eine mit Wattebällchen gefüllt
– Creme
– Stoppuhr

Variante:

Alle Mitspieler bekommen die Augen verbunden. Auf dem Fußboden werden Wattebällchen verteilt. Nun erhält jeder Teilnehmer einen großen Plastiklöffel und eine Plastikschale. Ziel ist es, mit verbundenen Augen möglichst viele Wattebällchen in die Schale zu löffeln. Dazu bleibt den Spielern nur eine Minute Zeit. Wer am meisten auflöffelt, gewinnt. Diese Variante eignet sich auch gut als Mannschaftsspiel.

– für jeden Mitspieler Augenbinde, Plastiklöffel und Plastikschale
– eine Packung Wattebällchen
– Stoppuhr

DER PO DES GATTEN

So geht's:

Verbinden Sie der Braut die Augen. Dann stellen sich der Bräutigam und Freunde von ihm oder andere männliche Hochzeitsgäste in eine Reihe, mit dem Rücken zum Publikum. Jetzt ist es Aufgabe der Braut, mit verbundenen Augen den Gatten aus der Menge der Männer nur durch Betasten der Hinterteile herauszufinden.

ab 10 Herren und die Braut
Spieldauer:
etwa 10 Minuten

Das wird gebraucht:
– Augenbinde

WIE AM SCHNÜRCHEN

So geht's:

ab 8 Personen
Spieldauer:
etwa 15 Minuten

Das wird gebraucht:
- zwei etwa drei Meter lange Schnüre

Ein echtes Mannschaftsspiel! Sie brauchen dazu zwei gleich große Gruppen mit möglichst vielen Mitspielern und pro Team einen Schiedsrichter. Alle Angehörigen eines Teams stellen sich nebeneinander in einer Reihe auf, die andere Mannschaft stellt sich gegenüber auf. Jeweils an den Enden postieren sich die Schiedsrichter. Nun bekommt der Erste in jeder Mannschaft eine etwa drei Meter lange Schnur, die er unter der Kleidung am Körper vom linken Bein durch Hose oder Rock, Hemd, Bluse oder Kleid zum Nacken hochführt und auf der anderen Seite wieder herunter. Dann kommen nacheinander alle Spieler dran, immer mit derselben Prozedur. Ziel des Spiels ist es, so schnell wie möglich die Schnur beim letzten Spieler in der Reihe ankommen zu lassen, der aber natürlich die gleiche Aufgabe bewältigen muss. Die Schiedsrichter passen auf, dass niemand mogelt, keine unerlaubten Abkürzungen vorgenommen werden und die Schnur überall in die richtige Richtung läuft. Auch für dieses Spiel gilt: Das schnellste Team gewinnt.

Variante:

- für jede Mannschaft ein Kaffeelöffel mit einer etwa zwei Meter langen Schnur

Die Teams bilden zwei Reihen. Die Spieler müssen den Löffel so schnell wie möglich von oben nach unten durch die Kleidung fädeln. Ist der Löffel beim letzten Teilnehmer angekommen, geht es wieder zurück. Der erste Mitspieler muss, sobald er die Schnur mit dem Löffel wieder in Händen hält, das Ganze so schnell wie möglich aufwickeln.

RINGLEIN, RINGLEIN, DU MUSST WANDERN

So geht's:

ab 10 Personen
Spieldauer:
etwa 15 Minuten

Das wird gebraucht:
– für jeden Mitspieler ein Zahnstocher
– ein Ring

Alle, die keine Angst vor Nähe haben, sollten bei diesem witzigen Spiel mitmachen. Die Teilnehmer stellen sich zu einem Kreis auf, Damen und Herren im Wechsel. Jeder bekommt einen Zahnstocher, den er sich zwischen die Zähne steckt. Die erste Dame darf sich den Ring an den Zahnstocher hängen und ihr Nachbar zur Rechten muss ihn durch Auffädeln - ohne Hände - übernehmen. Auf diese Weise wird der Ring von einem Zahnstocher auf den anderen weitergegeben. Er darf aber nicht herunterfallen, sonst muss er von dem Ort, wo er landet, wieder aufgefädelt werden.

NUDELHOLZSPIEL

So geht's:

ab 10 Personen
Spieldauer:
etwa 10 Minuten

Das wird gebraucht:
– ein Nudelholz
– Musik

Am besten stellen sich alle Herren der Hochzeitsgesellschaft nebeneinander auf der einen Seite des Saales auf. Auf der anderen Seite postieren sich alle Damen nebeneinander. Achten Sie darauf, dass es gleich viel Frauen und Männer sind. Nun klemmt der Erste in der Männerreihe ein Nudelholz zwischen die Knie und versucht, es der ersten Frau in der Damenreihe auch wieder zwischen die Knie zu übergeben. Die Frau, die das Holz übernommen hat, gibt es darauf dem nächsten Mann weiter. So geht es fort bis zur letzten Dame. Wer das Nudelholz verliert, scheidet aus. Wer schafft es bis zum Schluss?

So geht's:

4 Personen
Spieldauer:
etwa 10 Minuten

Das wird gebraucht:
- *Tisch und großes Laken*
- *Arzt-Utensilien*
- *ein Porträtfoto des Bräutigams in Originalgröße*
- *Liste mit (erwünschten) Eigenschaften des Bräutigams*

Bereiten Sie die Szenerie »OP-Saal« vor, indem Sie einen Mitspieler bitten, sich als »Patient« unter das Bettlaken auf den Tisch zu legen. Zwei weitere Mitspieler übernehmen die Rollen »Arzt« und »Krankenschwester«. Nun erscheint die Schwester oder die Mutter der Braut im OP-Saal und sagt, sie suche einen Mann für (Name der Braut). Sofort beginnt die Operation. Währenddessen gibt die Schwester oder die Mutter an, welche Eigenschaften der gewünschte Bräutigam haben soll, z. B. die Größe, die Haarfarbe, kann gut kochen, ist sensibel usw. Gleichzeitig hantiert das OP-Team heftig mit Spritzen, Säge, Pflastern usw. an dem Patienten herum, bis es nach einigen Minuten heißt: OP gelungen! Der Arzt sagt zum Publikum: »Hier sehen Sie jetzt den optimalen Mann für (Name der Braut)«. Dabei steht der Patient auf und hält sich das große Porträtfoto des Bräutigams vor das Gesicht.

Variante:

Natürlich können Sie bei diesem Spiel mit vertauschten Vorzeichen auch eine Braut für den Bräutigam »zurechtoperieren« lassen.

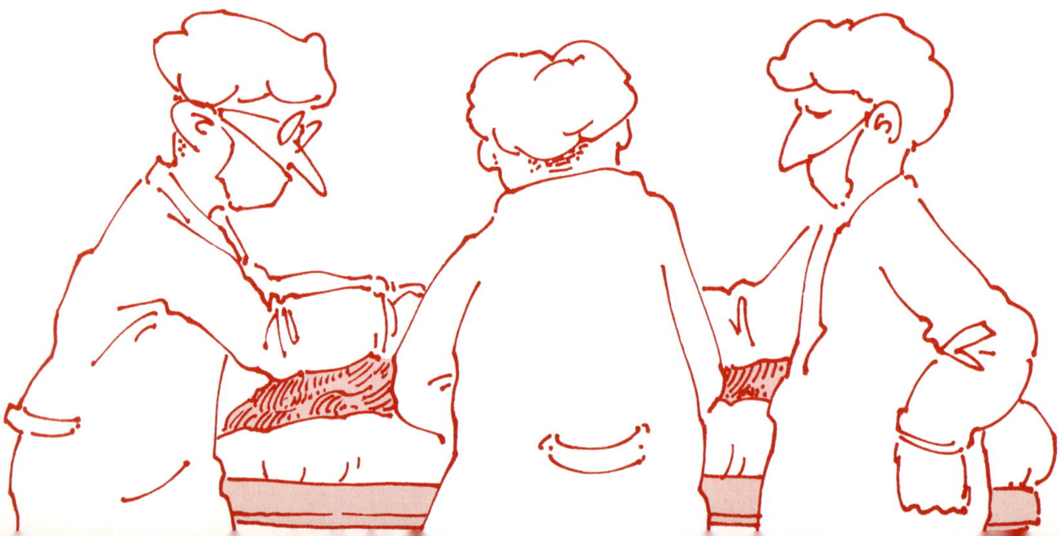

VERKLEMMT!

So geht's:

ab 20 Personen
Spieldauer:
etwa 10 Minuten

Das wird gebraucht:
- 20 bis 30 Notizzettel, auf denen Körperteile bezeichnet werden

Dieses Spiel erfordert einiges an Geschicklichkeit und vor allem Beweglichkeit, denn es gilt, zu zweit allerlei Zettel mit den darauf bezeichneten Körperteilen festzuhalten. Sie verteilen dazu auf dem Boden Notizzettel mit Bezeichnungen wie Nasenspitze, linker Unterarm, rechtes Knie usw. Jedes Paar nimmt einen Zettel auf und klemmt ihn zwischen den benannten Körperteilen ein, z. B. zwischen den rechten Knien. Nun geht es ebenso mit dem zweiten, dritten Zettel usw., aber ohne den ersten fallen zu lassen. Sieger ist das Paar, das es schafft, die meisten Zettel einzuklemmen, bevor ein Zettel herunterfällt.

BUSSI-ROULETTE

So geht's:

3 Paare
Spieldauer:
etwa 10 Minuten

Das wird gebraucht:
- ein Würfel
- sechs kleine Karteikarten mit den Ziffern von ein bis sechs

Immer drei Paare spielen dieses Spiel, dann werden sie in der nächsten Runde von den nächsten sechs Spielern abgelöst. Jeder Spieler zieht eine Karteikartei und bekommt auf diese Weise »seine« Nummer. Der jüngste Spieler beginnt zu würfeln. Die jeweilige Augenzahl, die er würfelt, steht für das, was er küssen muss: 1 = Ohr, 2 = Lippen, 3 = Stirn, 4 = Wange, 5 = Hals, 6 = Nase. Wen muss er küssen? Dazu ist der nächste Wurf gedacht. Diese Zahl, die dann gewürfelt wird, steht für die Person, die zu küssen ist. Würfelt er die eigene Zahl, hat er Pech (oder Glück?).

EI EI EI

ab 4 Paare
Spieldauer:
etwa 10 Minuten

Das wird gebraucht:
– für jedes Paar ein rohes Ei und eine Plastiktüte

So geht's:

Ein Spiel nur für sensible Paare! Jedes Paar bekommt ein rohes Ei und die Dame führt es von unten in eines der Hosenbeine des Herrn ein. Dann muss sie es so behutsam durch die Hose führen, dass es am anderen Hosenbein wieder herauskommt. Zerbricht das Ei unterwegs, ist dies Strafe genug. Um das Risiko erträglicher zu gestalten, können Sie das rohe Ei in eine Plastiktüte packen oder durch eine gefrorene Orange ersetzen.

ALOHA HULA HULA

alle Gäste
Spieldauer:
etwa 15 Minuten

Das wird gebraucht:
– ein Hula-Hoop-Reifen

So geht's:

Animieren Sie Ihre Gäste dazu, sich nacheinander an dieser Aktion zu beteiligen. Sie sollen so richtig dafür arbeiten, vom Brautpaar einen Kuss zu bekommen. Alles, was Sie dazu brauchen, ist ein Hula-Hoop-Reifen. Wer es schafft, ihn dreißig Sekunden um die Taille kreisen zu lassen, darf die Frischvermählten küssen. Sie können sicher sein: Dieses Spiel wird einige Lacher produzieren.

TANZSPIELE

Nicht nur der Hochzeitswalzer, der Tanz der Liebe und der tiefen Gefühle, sollte fester Bestandteil einer jeden Hochzeitsfeier sein - symbolisiert er doch Treue, Bindung und Vereinigung des Hochzeitspaares. Gruppentänze und Tanzspiele sind immer eine tolle Abwechslung und können die Hochzeitsfeier bereichern.

Jeder kennt die Situation: Sie haben einen Musiker oder eine Kapelle engagiert, der erste Tanz wird gespielt, der Bräutigam tanzt mit der Braut - sonst aber traut sich niemand auf das Parkett. Tanzspiele mit halb scherzhaftem »Tanzzwang« sorgen deshalb dafür, dass sich die Tanzfläche schnell füllt - frei nach Novalis' Worten:

»Hinunter die Pfade des Lebens gedreht.

Pausiert nicht, ich bitt euch so lang es noch geht.

Drückt fester die Mädchen ans klopfende Herz

Ihr wisst ja wie flüchtig ist Jugend und Scherz.

Lasst fern von uns Zanken und Eifersucht sein

Und nimmer die Stunden mit Grillen entweihn.

Dem Schutzgeist der Liebe nur gläubig vertraut,

Es findet noch jeder gewiss eine Braut.«

BRAUTSTRAUSS-TANZ

So geht's:

Die Gäste tanzen paarweise. Solange die Musik spielt, müssen sie den Brautstrauß schnell weitergeben. Stoppt die Musik, scheidet dasjenige Paar aus, das gerade den Strauß hat. Gewinner ist das letzte Paar auf der Tanzfläche.

alle Gäste
Spieldauer: etwa 10 Minuten

Das wird gebraucht:
- ein kleiner Brautstrauß
- flotte Tanzmusik, Liebeslieder

DER WANDERHUT

ab 12 Personen
Spieldauer:
etwa 30 Minuten

Das wird gebraucht:
- *Musik*
- *ein Korb mit zwölf kleinen Plastikeiern, z.B. aus Überraschungseiern*
- *zwölf Zettel, jeweils mit einer Monatsaufgabe*
- *Strohhut*

So geht's:

Bei diesem Spiel müssen zwölf Gäste für das Brautpaar eine praktische Aufgabe im ersten Ehejahr übernehmen. Möglichst viele Gäste (mindestens zwölf) werden dazu auf die Tanzfläche geholt. Es werden keine Tanzpaare gebildet, die Mitspieler tanzen jeder für sich. Sie halten einen Korb bereit, in dem zwölf kleine Plastikeier liegen. Das Geheimnis dieser Eier sind die Monatsaufgaben, die sie enthalten: z. B. im Januar den Weihnachtsbaum abschmücken, im Februar zum Essen einladen, im März die Fenster putzen, im April die Winterreifen wechseln usw. Da gibt es zahllose Möglichkeiten.

Während die Musik läuft, wird ein Strohhut von Kopf zu Kopf weitergegeben. Wer ihn beim Tanzen aufgesetzt bekommt, muss ihn möglichst schnell wieder loswerden und ihn einer anderen Tänzerin oder einem anderen Tänzer aufsetzen. Stoppt die Musik, muss derjenige, der den Hut gerade trägt, nach vorne gehen. Dort nimmt er ein Ei aus dem Korb, öffnet es, liest die enthaltene Aufgabe laut vor und setzt sich auf seinen Platz. Die Musik setzt wieder ein, die anderen tanzen und der Hut wandert weiter.

Variante:

Mehrere Paare tanzen. Ein Tänzer hat einen Strohhut auf. Während die Musik spielt, wird der Hut von Paar zu Paar weitergereicht. Wenn die Musik aufhört, scheidet das Paar aus, das den Hut hat.

WER WAR'S?

So geht's:

Teilen Sie die Tänzer in zwei gleich große Gruppen auf, jeweils gleich viele Damen und Herren. Die Gruppen stehen sich gegenüber, eine Gruppe verbindet sich die Augen. Sobald die Musik ertönt, sucht sich jeder sehende Tänzer einen »blinden« Partner und tanzt mit ihm. Ist die Musik verklungen, führen die Tänzer ihre Partner zurück und gehen selbst wieder an ihren Platz. Erst dann dürfen die »Blinden« ihre Augenbinde abnehmen und raten, wer mit ihnen getanzt hat. Nach und nach geben sich die Tanzpartner zu erkennen. In der nächsten Runde werden die Rollen getauscht und jeder sucht sich einen neuen Partner.

10 bis 20 Personen
Spieldauer: etwa 15 Minuten

Das wird gebraucht:
– Musik
– für die Hälfte der Mitspieler eine Augenbinde

DER RUCKSACK

So geht's:

Bitten Sie die mitspielenden Gäste auf die Tanzfläche. Sie bewegen sich zur Musik und werfen sich, während die Musik spielt, den gepackten Rucksack zu. Sobald die Musik stoppt, muss derjenige, der in diesem Moment den Rucksack gerade in Händen hält, zum großen Vergnügen der anderen eines der »anzüglichen« Kleidungsstücke herausnehmen und anziehen. Bei diesem Spiel gibt es keine Verlierer oder Gewinner, es geht einfach darum, den Rucksack möglichst schnell loszuwerden. Das brauchen Sie Ihren Gästen aber nicht zu erzählen.

alle Gäste
Spieldauer: etwa 15 Minuten

Das wird gebraucht:
– ein leichter Rucksack
– verschiedene Wäschestücke wie Straps, lange Unterhose, Hemdchen, BH (möglich aber auch Handschuhe, Rock, Mütze usw.)
– Musik

ZEITUNGSTANZ

ab 10 Personen
Spieldauer:
etwa 20 Minuten

Das wird gebraucht:
- *für jedes Paar eine aufgeklappte Seite aus der Zeitung*
- *Musik*

So geht's:

Auf einer Zeitung zu tanzen, ohne sie dabei zu zerreißen, ist schwer genug. Ganz schwierig aber wird es, wenn mit jeder Tanzrunde die Tanzfläche auf der Zeitung schrumpft und die Bewegungen immer kniffliger werden. Zu Beginn des Spiels legt sich jedes Paar eine ganze, aufgeklappte Zeitungsseite als Tanzfläche auf den Boden. Auf dieser genau abgegrenzten Tanzfläche müssen die Paare tanzen, ohne neben das Papier zu treten. Wer übertritt, scheidet aus. Für die nächste Runde wird die Tanzfläche halbiert, die Zeitung also einmal gefaltet, und das Paar muss nun auf dieser verkleinerten Fläche zurechtkommen. Es ist erlaubt, »übereinander« zu tanzen: Der Partner darf seine Partnerin hochheben oder auf den Arm nehmen. Sieger ist dasjenige Paar, das als letztes ausscheidet.

SCHLANGENTANZ

ab 10 Personen
Spieldauer:
etwa 15 Minuten

Das wird gebraucht:
- *Musik*

So geht's:

Bitten Sie alle Gäste auf die Tanzfläche und stellen Sie die Paare hintereinander wie zu einer Polonaise auf. Diese Menschenschlange setzt sich nun ganz allmählich in Bewegung. Beginnen Sie mit langsamer Musik, die sich in Tempo und Rhythmus immer mehr steigert. Währenddessen muss der »Kopf« der Schlange versuchen, das Ende der Schlange zu fangen. Viel Glück!

So geht's:

Die Namensschildchen der Liebespaare werden auf zwei Körbchen verteilt. Das eine enthält die Namen der Frauen, das andere die der Männer. Damit gehen nun zwei Helfer herum und lassen alle, die mitmachen wollen, einen Namen ziehen – die Damen nur aus dem »weiblichen« Körbchen, die Herren nur aus dem »männlichen«. Nun rufen Sie anhand Ihrer Liebespaar-Liste die einzelnen Partner aus und bitten sie auf die Tanzfläche. Andere Möglichkeit: Die zueinander gehörenden Partner müssen sich alleine finden. Sind alle Paare auf der Tanzfläche versammelt, spielt die Musik zum Tanz. Als Erinnerung könnten Sie jedes »berühmte Liebespaar« mit einer Sofortbildkamera festhalten.

ab 10 Personen
Spieldauer: etwa 15 Minuten

Das wird gebraucht:
– für jeden Mitspieler ein Schild oder Haftetikett mit dem Namen eines Partners von berühmten Liebespaaren
– zwei Körbchen
– eine Liste der Liebespaare
– Musik
– Sofortbildkamera

Hier einige Beispiele für prominente Paare: Kermit und Miss Piggy, Daisy und Donald Duck, Adam und Eva, Willi und Biene Maja, Prinz Charles und Camilla, Tarzan und Jane, Rotkäppchen und der böse Wolf, Fred Astaire und Ginger Rogers, Ronald Reagan und Nancy, Minnie und Mickey Maus, Napoleon und Josephine, Cäsar und Cleopatra, Romeo und Julia.

SCHAU MIR IN DIE AUGEN, KLEINES

ab 10 Personen
Spieldauer:
etwa 15 Minuten

Das wird gebraucht:
- Musik

So geht's:

Wer kennt ihn nicht, diesen berühmten Satz, den Humphrey Bogart in »Casablanca« zu Ingrid Bergman sagte. Sich »stundenlang« in die Augen sehen, das tun eigentlich nur Verliebte. Bei diesem Augentanz kommt es aber genau darauf an – auch wenn man gar nicht verliebt ist. Alles, was Sie dazu brauchen, ist flotte Musik, zu der sich die Tanzpaare unablässig in die Augen schauen. Sie dürfen aber weder sich noch andere berühren. Und schnell getanzt werden soll dabei natürlich auch noch. Wer schafft das am längsten?

STUHLWALZER

ab 10 Paare
Spieldauer:
etwa 15 Minuten

Das wird gebraucht:
- stabile Stühle (einer weniger, als Tanzpaare mitspielen)
- Walzermusik

So geht's:

Rund um die Tanzfläche stehen Stühle, aber ein Stuhl weniger als Tanzpaare mitmachen, sodass ein Paar ohne Stuhl bleibt. Sobald die Musik stoppt, versucht jedes Paar einen Sitzplatz zu ergattern. Dabei nimmt der Herr auf dem Stuhl Platz, die Dame darf auf seinem Schoß sitzen. Damit alle die gleiche Chance haben, tanzen die Paare im Uhrzeigersinn einen Walzer in einem großen Kreis. Wer nur den Stehplatz erwischt, scheidet aus und nimmt einen Stuhl aus dem Kreis mit. Der Sieger darf zur Belohnung seine Dame zum Platz tragen.

TANZ IM LIEBESTÖTER

ab 10 Personen
Spieldauer:
etwa 15 Minuten

Das wird gebraucht:
- für jedes Tanzpaar eine lange Herrenunterhose
- Musik

So geht's:

Bei diesem überhaupt nicht anrüchigen Tanzvergnügen werden Paare gebildet, ein Partner muss eine lange Männerunterhose überziehen. Solange die Musik spielt, wird getanzt. Setzt die Musik aus, muss die Hose ganz schnell aus- und dem Partner angezogen werden. Die langsamsten in jeder Runde scheiden aus, bis am Ende nur noch das Siegerpaar übrig bleibt.

WÄSCHEKLAMMERTANZ

So geht's:

Jeder Mitspieler erhält fünf Wäscheklammern. Lassen Sie Tanzmusik laufen. Die Tänzer müssen versuchen, so schnell wie möglich ihre Wäscheklammern loszuwerden, am einfachsten durch vorsichtiges Anklammern an die Kleidung der Mitspieler. Nur müssen sie dabei aufpassen, dass ihnen selbst keine Wäscheklammern angesteckt werden. Ist die Musik schließlich zu Ende, wird gezählt, wer die meisten seiner Wäscheklammern losgeworden ist.

ab 8 Personen
Spieldauer:
etwa 10 Minuten

Das wird gebraucht:
– Tanzmusik
– für jeden Mitspieler fünf Wäscheklammern

ASCHENPUTTEL

So geht's:

Wer den Fuß zum Schuh findet, hat seine Tanzpartnerin. Jede der anwesenden Damen stellt einen ihrer Schuhe auf die Tanzfläche. Die Herren müssen sich einen Schuh aus dem Schuhberg heraussuchen. Damit begeben sie sich auf die Suche nach dem passenden »Fuß«. Wenn der Schuh zur Dame passt, kann der Tanz beginnen!

ab 10 Personen
Spieldauer:
etwa 10 Minuten

Das wird gebraucht:
– Musik
– von jeder Dame ein Schuh

NAH, NÄHER, NASENTANZ

So geht's:

Bei diesem Tanz dürfen die Teilnehmer keine Berührungsängste haben, denn hier sind die Nasen die Hauptsache. Jedes Tanzpaar klemmt sich eine leere Streichholzhülle zwischen die Nasen. Dann verschränken die Tanzpartner die Hände auf dem Rücken und tanzen. Das Paar, dessen Streichholzhülle herunterfällt, scheidet aus.

ab 10 Personen
Spieldauer:
etwa 10 Minuten

Das wird gebraucht:
– für jedes Paar eine leere Streichholzhülle
– flotte Musik

BOOGIE-WOOGIE IM SITZEN

ab 10 Personen
Spieldauer:
etwa 20 Minuten

Das wird gebraucht:
- *Boogie-Woogie-Musik*
- *für jeden Tänzer ein Stuhl*

So geht's:

Bis dieser Boogie-Woogie synchron funktioniert, muss die Tanzgesellschaft wahrscheinlich eine ganze Weile üben. Das macht aber nichts, denn Spaß macht es auf jeden Fall. Der Tanz beginnt und endet im Sitzen, beide Beine sind nach vorne gestreckt. Sie machen im Takt der Musik die Ansage zu den folgenden Bewegungen, die nacheinander ausgeführt werden: 1. Zweimal auf die Oberschenkel klopfen. 2. Zweimal in die Hände klatschen. 3. Zweimal die Hände vor dem Körper flach übereinander schieben. 4. Kopf nach rechts, Kopf nach links. 5. Zweimal mit beiden Händen an der Hüfte vorbei rechts nach unten stoßen, dann an der Hüfte vorbei links nach unten stoßen. 6. Auf zwei Taktschläge den rechten Arm in Ellbogenhöhe heben, dann den linken Arm. 7. Auf zwei Taktschläge mit aufeinanderliegenden Handflächen rechts am Kopf vorbei, dann links. 8. Aufstehen. 9. Hinsetzen. 10. Rechtes Bein vor. 11. Linkes Bein vor. 12. Und das Ganze noch einmal von vorne. Klappt das auch auswendig?

MACHT HOCH DAS TOR

ab 10 Personen
Spieldauer:
etwa 10 Minuten

Das wird gebraucht:
- *schnelle Musik, zum Beispiel eine Polka*

So geht's:

Kleine Warnung: Bei diesem Tanz könnte es ganz schön wild zugehen und Ihren Gästen ziemlich warm werden. Die mitspielenden Paare teilen sich in zwei Gruppen auf. Die Paare der ersten Gruppe bilden Tore, indem sie sich gegenüber aufstellen und sich an den Händen fassen. Die Paare der zweiten Gruppe tanzen los, wenn die Musik beginnt. Sie tanzen im Raum herum und durch die Tore hindurch. Die Tore lassen die Tänzer durch – die gefassten Hände hoch – oder auch nicht! Wird ein Tänzer im Tor gefangen, ist blitzschnell Rollentausch: Der oder die Gefangene wird Teil des Tors, der Torpartner übernimmt den Tänzerpart.

SPIELE MIT »NACHWIRKUNG«

Bei den folgenden Aktivitäten ist die Kreativität der Gäste gefordert. Denn es geht hierbei nicht so sehr um das »Spielen«, sondern mehr um das »Schaffen«. Mit »Nachwirkung« ist nämlich gemeint, dass das Brautpaar auch nach der Hochzeitsfeier noch etwas davon hat: liebe Grüße für jeden Tag, Arbeitserleichterungen, Fotoerinnerungen, praktische Ratschläge oder Kunst fürs Wohnzimmer. Neben der Kreativität Ihrer Gäste benötigen Sie für die Spiele mit »Nachwirkung« Freunde oder Helfer, die Ihnen die Vorbereitung und Durchführung abnehmen, damit die Überraschung auch wirklich gelingen kann. Lassen Sie sich von diesen Spielen anregen und ermuntern. Vielleicht experimentieren Sie bald mit eigenen Ideen.

FOTOALBUM MIT EINWEGKAMERA

So geht's:

Legen Sie pro Gästetisch eine Einwegkamera bereit. Jeder Gast muss mindestens einen spontanen und lustigen Schnappschuss damit machen (vergessen Sie nicht den Blitz). Dann wird die Kamera weitergegeben. Am Ende des Festes sammeln Sie die Kameras ein und lassen die Fotos entwickeln. Die besten und lustigsten Fotos werden später ausgesucht und in das Album geklebt. Eine schöne Erinnerung für das Brautpaar an seine Hochzeit!

alle Gäste
Spieldauer: während des gesamten Festes

Das wird gebraucht:
- *eine Einwegkamera für jede Tischgruppe*
- *leeres Fotoalbum*

BRAUT EINKAUFEN

alle Gäste
Spieldauer: während des ganzen Festes

Das wird gebraucht:
- *für jeden Gast ein Wunschzettel*
- *ein Korb*

So geht's:

Ein Brauch, der ursprünglich aus der Schweiz stammt, wo es früher üblich war, die Braut »einzukaufen«. Heute funktioniert er in Abwandlung so: Während der Hochzeitsfeier geht ein Helfer mit einem Korb herum und bittet jeden Gast, sich einen der darin befindlichen Zettel zu nehmen. Auf den Zetteln sind ein Termin und kleine Dinge des täglichen Lebens notiert, z. B. Zahnpasta, Nudeln, Schokolade usw. Diese Sachen soll der Gast zu dem genannten Termin an das Brautpaar versenden, und zwar ohne Absender, dafür in einem möglichst großen Päckchen. Auf diese Weise erhält das Paar häufig Post oder muss Pakete abholen, ohne dass die Gäste finanziell überfordert wären.

So geht's:

Für dieses Spiel bereiten Sie ein Fotoalbum vor und geben jeder Seite einen bestimmten Bildtitel. Am besten werden Zweierteams fotografiert, das ist witziger. Das können etwa sein: der älteste Gast zusammen mit dem jüngsten, die Braut zusammen mit dem Oberkellner, der Bräutigam mit seiner Großmutter usw. Diese Bildtitel werden auf einer separaten Liste beim Hochzeitsfest an die Gäste verteilt, damit diese ihre »Fotoaufträge« abarbeiten können. Zum Fotografieren halten Sie eine Sofortbildkamera bereit. Wer will, kann den Gästen einen großen goldenen Bilderrahmen aus Styropor zur Verfügung stellen, durch den sie bei den Aufnahmen hindurchschauen. Dann weiß auch jeder, wohin mit den Händen, und verliert seine Scheu vor der Kamera. Kleben Sie die Bilder gleich in das Album ein. Schön ist es, wenn jeder Gast sich zudem mit einer persönlichen Widmung im Album verewigt. Diese einmalige und originelle Erinnerung an das Fest wird am Ende dem Brautpaar feierlich überreicht.

alle Gäste
Spieldauer: während des gesamten Festes

Das wird gebraucht:
- *Sofortbildkamera*
- *vorbereitetes Fotoalbum mit Bildtiteln*
- *für die Gäste Listen mit Bildtiteln*
- *großer goldener Bilderrahmen*
- *Filzstifte*

FANPOST

So geht's:

alle Gäste
Spieldauer:
während des ganzen Festes

Das wird gebraucht:
- *vordatierte Blankopostkarten*
- *ein Körbchen mit Stiften*

Verteilen Sie während der Hochzeitstafel Stifte und Postkarten mit einem fortlaufenden Datum, das nach den Flitterwochen startet. Jeder Gast schreibt etwas Persönliches darauf, die Kinder zeichnen ein Bild. Die Gäste behalten ihre Karte und verschicken sie jeweils an dem angegebenen Datum. Auf diese Weise erhält das Brautpaar eine ganze Weile nach der Heirat noch jeden Tag einen lieben Kartengruß. Wer will, kann diese Fanpost ins Gästebuch einkleben.

ROMANTISCHER HOCHZEITSKALENDER

So geht's:

alle Gäste

Das wird gebraucht:
- *für jeden Gast ein Kalenderblatt (von der Hochzeit bis zum ersten Hochzeitstag)*
- *ein kleines Anschreiben für jedes Kalenderblatt*

Etwa drei Wochen vor der Hochzeit schicken Sie den Hochzeitsgästen ein Kalenderblatt mit Kalendarium für eine Woche oder einen Monat, je nach der Anzahl der Gäste, die beteiligt werden können. Wenn die Gästeliste lang ist, macht es natürlich Spaß, einen Wochenkalender zusammenzustellen (52 - 53 Blatt). Ansonsten tut es auch ein Monatskalender (12 Blatt).

Legen Sie ein kleines Anschreiben dazu mit der Bitte, das Kalenderblatt individuell zu gestalten und bis zu einem bestimmten Datum zurückzusenden. Jeder Gast darf sich mit Fotos, Collagen, Gedichten usw. verewigen. Auf der sicheren Seite sind Sie, wenn Sie gleich einen frankierten Rückumschlag beilegen und einige unbeschriftete Blätter in Reserve haben, falls Kalenderblätter nicht zurückkommen und daher fehlen. Die einzelnen Seiten werden, sobald der Kalender komplett ist, gebunden und bei der Hochzeit überreicht. So hat das Brautpaar einen Kalender für das erste Ehejahr.

GROSSES GELDGESCHENKPUZZLE

So geht's:

Für ein gemeinsames Geldgeschenk, z. B. als Zuschuss zur Hochzeitsreise, besorgen Sie ein großes Bild, mit dem das eigentliche Geschenk symbolisch dargestellt werden kann (z. B. ein Foto vom Ziel der Reise). Das Bild wird auf festen Karton geklebt und in viele kleine Teile - der Anzahl der Gäste entsprechend - zerschnitten. Jedes Puzzlestück kostet einen bestimmten Betrag, etwa 10 bis 20 Euro. Die Gäste erwerben die Teile bei der Trauzeugin oder der Brautmutter. Während der Hochzeitsfeier sammeln Sie die Puzzleteile in einem Korb, und das Brautpaar muss sie anschließend wieder zusammensetzen. Ist das Bild komplett, gibt es das Geldgeschenk.

alle Gäste
Spieldauer:
während des gesamten Festes

Das wird gebraucht:
- großes Bild oder Poster, z.B. vom Ziel der Hochzeitsreise
- fester Karton
- ein Korb

GUTER RAT

So geht's:

Bevor die Gäste den Ort der Feier betreten, werden sie von Helfern mit einer Sofortbildkamera fotografiert. Das Bild nehmen sie mit und kleben es in das Fotoalbum, das auf einem Nebentisch bereit liegt. Mit dem Silberstift schreibt jeder außerdem einen guten Rat für das Brautpaar dazu. Während der Feier werden die gesammelten Empfehlungen überreicht. Dies ist eine hübsche Erinnerung an die Feier, die Gäste und ihre Persönlichkeit. Und das Brautpaar kann noch Jahre später von den Tipps und Ratschlägen zehren.

alle Gäste
Spieldauer:
zu Beginn des Festes etwa 30 Minuten

Das wird gebraucht:
- ein Fotoalbum mit Seiten aus dunklem Karton
- Sofortbildkamera
- Klebestift
- Silberlackstift

TEAMWORK

alle Gäste
Spieldauer:
während des gesamten Festes

Das wird gebraucht:
- *großes Kunstposter vom Lieblingsmaler des Brautpaares*
- *Staffelei*
- *großer weißer Maluntergrund*
- *Wachsmalfarben*

So geht's:

Vor der Hochzeitsfeier haben Sie ein Kunstposter besorgt und in viele kleine Quadrate zerschnitten, die jeweils nummeriert wurden (A1, A2, ..., B1, B2 usw.). Am Fest stellen Sie eine Staffelei mit einer weißen Malfläche auf, die genauso in Quadrate unterteilt ist wie das Poster. Alle Gäste, die mitmalen wollen, erhalten ein Posterquadrat mit der Aufgabe, es mit Wachsmalfarben in das entsprechende Quadrat auf der Staffelei zu übertragen. Während des ganzen Festes wird jemand an der Staffelei stehen und sein Puzzlestück kopieren. Ist das Werk dann vollendet, wird es dem Brautpaar geschenkt - zur »künstlerischen« Erinnerung an die Hochzeit.

STERNE IN DER NACHT

alle Gäste
Spieldauer:
etwa 30 Minuten

Das wird gebraucht:
- *Stifte*
- *gelochte Postkarten, an das Brautpaar adressiert, auf denen vermerkt ist, dass der Finder sie einfach zurückschicken soll*
- *heliumgefüllte Luftballons*
- *lange Schnüre*
- *extra lange Wunderkerzen*
- *Feuerzeuge*

So geht's:

Während des Abends verteilen Sie die Karten an die Gäste. Jeder Hochzeitsgast notiert darauf, welchen Dienst er dem Brautpaar erweisen will, sollte seine Karte an das Brautpaar zurückgeschickt werden (z. B. zum Eisessen einladen, Auto waschen usw.), und unterschreibt. Die Karten werden eingesammelt und an heliumgefüllte Luftballons gebunden. An einer zweiten, längeren Schnur wird jeweils eine lange Wunderkerze befestigt. Um Mitternacht entzünden alle im Freien die Wunderkerzen und die Ballons steigen gleichzeitig empor - ein wirklich märchenhafter Anblick!

Erkundigen Sie sich bei Ihrem zuständigen Ordnungsamt, ob für größere Luftballonaktionen eine Genehmigung erforderlich ist.

SPIELE MIT DEM BRAUTPAAR

Hatten die Brautleute bisher Muße und Zeit, die Hochzeitsfeier vorwiegend als Zuschauer zu genießen, ist es mit der Ruhe nun vorbei. Jetzt nehmen die Freunde und Helfer das Zepter in die Hand und sorgen für spielerische Überraschungen. Bei den nachfolgenden Spielen steht das frischgebackene Ehepaar im Mittelpunkt. Hier finden Sie eine Auswahl an reizvollen Spielen zum Kennenlernen und Raten – rund um das Brautpaar. Sie sind alle harmlos, sodass sich die Brautleute auch dabei von ihrer besten Seite zeigen können und nicht das Gefühl haben müssen, vorgeführt zu werden. Ob es um »Bettgeflüster«, »Kleb-Küsse« oder um eine »Kutschfahrt ins Glück« geht: Nun heißt es für Braut und Bräutigam Spaß verstehen und begeistert mitmachen!

ROSEN SAMMELN

das Brautpaar
Spieldauer: etwa 10 Minuten

Das wird gebraucht:
– etwa 20 standfeste Flaschen (eventuell mit etwas Sand oder Kies befüllt)
– 20 Rosen
– Augenbinde

So geht's:

Dieses Spiel ist eine Art »Blinde Kuh« mit Rosen. Der Bräutigam muss den Raum verlassen. Sie bauen aus Flaschen einen nicht ganz einfachen Slalom auf und stecken in jede Flasche eine Rose. Verwenden Sie Rosen ohne Dornen, um Verletzungen zu vermeiden. Wenn alle Flaschen verteilt sind, wird der Bräutigam mit verbundenen Augen wieder hereingeführt. Nach den mündlichen Anweisungen seiner Braut muss er nun versuchen, alle Rosen aufzusammeln, ohne die Flaschen umzuwerfen. Hat er alle Rosen gefunden, darf er die Augenbinde abnehmen und den Strauß seiner Braut überreichen.

DINGSDA

bis 8 Personen
und das Brautpaar
Spieldauer:
etwa 10 Minuten

Das wird gebraucht:
- *Utensilien für die Verkleidung als Schulkind, z. B. Zopfschleifen, Schultasche, Schreibzeug usw.*
- *zehn Plakate mit Begriffen, die einen Bezug zum Brautpaar haben*

So geht's:

Die Teilnehmer verkleiden sich als Schulkinder. Das Brautpaar wird nach vorne gebeten. Die »Schulkinder« sitzen in einer Reihe und erklären eines nach dem andern bestimmte Begriffe. Diese werden den anwesenden Gästen auf einem großen Plakat gezeigt, ohne dass das Brautpaar sie sehen kann. Natürlich verhalten sich die Darsteller dabei wie kleine Kinder und erläutern dementsprechend auch die Begriffe. Das Paar muss versuchen, möglichst rasch das jeweilige Wort zu erraten. Das Spiel ist beendet, wenn die Eheleute alle Begriffe geraten haben.

KUTSCHFAHRT INS GLÜCK

8 Personen
Spieldauer:
etwa 15 Minuten

Das wird gebraucht:
- *für jeden Mitspieler ein Stuhl*

So geht's:

Die Stühle werden in Form einer Hochzeitskutsche angeordnet: vorn zwei Pferde, in der Mitte die Kutscher, hinter ihnen Prinz und Prinzessin, rechts und links davon jeweils zwei Räder. Das Brautpaar sitzt als Prinz und Prinzessin in der Kutsche, die Mütter sind die Kutscher, die beiden Väter die Pferde, vier Trauzeugen und beste Freunde die Räder. - Natürlich können auch andere Gäste die Rollen übernehmen.

Jetzt tragen Sie eine märchenhafte Geschichte vom Prinzen und seiner Prinzessin vor, die ruhig auch mit der Realität des Brautpaares zu tun haben darf, z. B. mit ihrem Kennenlernen, ihren Gewohnheiten oder Eigenarten. Am Ende der Geschichte sind Prinz und Prinzessin glücklich vereint. Immer wenn in der Geschichte die »Akteure« genannt werden, müssen die betreffenden Personen aufstehen, um ihren Stuhl herumgehen und sich wieder hinsetzen. Bei dem Begriff »Kutsche« müssen alle aufstehen und um ihre Stühle gehen, bei »Räder« die Freunde und Trauzeugen usw.

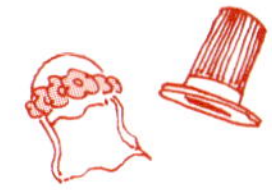

Die Geschichte könnte so beginnen: Der Prinz (Bräutigam steht auf, geht um den Stuhl) wollte seine Prinzessin (Braut steht auf, geht um den Stuhl) suchen. Dazu sagte er den Kutschern (Mütter), sie sollen die Kutsche (alle) anspannen und alle Räder überprüfen (Trauzeugen und Freunde). Die Kutscher (Mütter) spannen die Pferde (Väter) vor die Kutsche (alle), gehen dann zum Prinzen (Bräutigam), um ihm zu sagen, die Kutsche (alle) sei bereit. Sie fahren nach (Wohnort der Braut). Die Kutscher (Mütter) treiben die Pferde (Väter) an, die Räder (Trauzeugen und Freunde) rumpeln durch die Schlaglöcher, sodass die ganze Kutsche (alle) durchgerüttelt wird usw.

Je schneller hintereinander die Akteure in Ihrer Geschichte genannt werden, desto größer ist das Chaos, das entsteht, und das Vergnügen, das Zuschauer und Darsteller haben werden.

DAS BISSCHEN HAUSHALT

So geht's:

Die Brautleute setzen sich gegenüber an einen Tisch. Beide sollen um die Wette verschiedene Arbeiten erledigen, z. B.: einen Fahrradschlauch flicken, ein Hemd bügeln, von Hand Eischnee schlagen, eine Krawatte binden, eine Bierflasche mit dem Feuerzeug öffnen, ein Hemd zusammenlegen, einen Knopf annähen, die längste Kartoffelschale am Stück abschälen – denken Sie sich weitere Aufgaben aus. Welcher von beiden gewinnt die schön gestaltete Siegerurkunde?

das Brautpaar
Spieldauer: etwa 15 Minuten

Das wird gebraucht:
- *Tisch und zwei Stühle*
- *Utensilien für die gestellten Aufgaben, z.B. zwei Knöpfe mit Stoff, Nadel und Faden; zwei Kartoffeln plus Schälmesser; zwei Fahrradschläuche plus Flickzeug usw.*
- *Stoppuhr*
- *Siegerurkunde*

DER NASENKUSS

10 bis 16 Personen und das Brautpaar
Spieldauer: etwa 15 Minuten

Das wird gebraucht:
– ein altes Bettlaken

So geht's:

Als Vorbereitung auf dieses Spiel schneiden Sie in ein altes Bettlaken kleine Löcher, sodass eine Reihe von Gästen hinter dem Laken sitzen und die Nasen durch die Löcher stecken kann. Die Braut verlässt den Raum, zwei Helfer halten das Tuch hoch, dahinter nehmen einige Herren und der Bräutigam Platz. Die Braut wird wieder hereingeholt, stellt sich vor das Laken und muss die Nase des Bräutigams finden und küssen. Dann lassen die Helfer das Tuch fallen, um zu zeigen, wen die Braut tatsächlich geküsst hat. Ist es nicht der Bräutigam, muss sich die Braut umdrehen, und die Männer tauschen für eine neue Runde ihre Plätze. Hat die Braut die richtige Nase geküsst, werden die Rollen getauscht und hinter dem Laken nehmen die Braut und weitere Damen Platz.

Das Spiel macht zusätzliches Vergnügen für die Zuschauer, wenn sich der Bräutigam oder die Braut, vom anderen Partner unbemerkt, aus dem Raum schleicht und jemand anders diesen Platz einnimmt.

KLEB-KUSS

So geht's:

alle Gäste
Spieldauer:
etwa 10 Minuten

Das wird gebraucht:
– große Fotos von Braut und Bräutigam oder Zeichnung des Paares auf Karton
– nummerierte Sticker in Herz- oder Kussform
– Zettel mit dem Kusswunsch des Brautpaares

Dieses Spiel ist eine ganz einfache Möglichkeit, ohne großen Aufwand alle Gäste zu beteiligen. Alles, was sie tun müssen, ist, nummerierte Sticker in Herz- oder Kussform auf ein Bild zu kleben. Die Aufgabe, die gelöst werden muss, lautet: Wohin will die Braut, der Bräutigam zuerst geküsst werden?

Das Brautpaar soll zuvor seinen Wunsch auf einen Zettel notieren – streng geheim, versteht sich. Diesen Zettel nehmen Sie in Verwahrung. Die Gäste gehen zu den Fotos und kleben ihren Sticker auf die vermutete Stelle. Der Mitspieler, dessen Sticker der Vorstellung des Paares am nächsten kommt, gewinnt. Nicht vergessen: Am Ende des Spiels müssen Braut und Bräutigam das, was sie auf dem Zettel notiert haben, praktisch vorführen.

WAS WAR WANN UND WO?

So geht's:

20 Personen und das Brautpaar
Spieldauer:
etwa 15 Minuten

Das wird gebraucht:
– 20 Karteikarten und Stifte

Sie verteilen an 20 Gäste Karteikarten mit der Bitte, sich jeweils eine Frage zum Brautpaar zu überlegen. Danach sammeln Sie die ausgefüllten Karten wieder ein. Der Bräutigam muss nun vor die Tür, sodass die Braut einzeln befragt werden kann. Wenn alle Fragen beantwortet sind, darf der Bräutigam wieder hereinkommen und wird – im Beisein der Braut – ebenfalls befragt. Stimmen die Antworten beider überein?

Hier einige Beispielfragen: Welches Wetter war, als ihr euch das erste Mal geküsst habt? Welcher Tag in der Woche war das? Was trug dein Freund/deine Freundin damals? Wann hat deine Schwiegermutter Geburtstag? Kennst du die Lieblingsmusik deines Partners? Wann hat dir dein Partner zum letzten Mal rote Rosen geschenkt?

WER KANN DAS BABY WICKELN?

das Brautpaar
Spieldauer:
etwa 10 Minuten

Das wird gebraucht:
- *eine große Puppe oder ein großer Teddybär, angezogen mit Babysachen*
- *Babywindeln, Feuchttücher, Puder, Creme*

So geht's:

Dieses Spiel ist ein großer Spaß für die Zuschauer. Dabei wird getestet, ob und wie sich das Brautpaar künftig als Eltern bewähren wird - frei nach dem Motto: »Eltern werden ist nicht schwer, Eltern sein dagegen sehr!« Denn nur mit einer Hand müssen Braut und Bräutigam ein Baby wickeln - in diesem Fall eine große Puppe oder einem Teddy. Mit allem, was dazu gehört: ausziehen, sauber machen, eincremen, pudern, wieder anziehen.

EINLADUNGEN ABSCHIESSEN

alle Gäste
und das Brautpaar
Spieldauer:
etwa 15 Minuten

Das wird gebraucht:
- *für jeden Gast ein selbstklebender Notizzettel, etwa 50 x 70 mm*
- *eine Pinnwand*
- *6 Dartpfeile*

So geht's:

Alle Gäste notieren auf Haftnotizen ihren Namen und eine »Einladungsidee« für das Brautpaar, z. B. zum Spieleabend, zum Grillfest, zum Brunch usw. Die Notizzettel werden an eine Pinnwand geheftet. Das Brautpaar wirft mit Dartpfeilen auf die Haftnotizen, zuerst drei Mal die Braut, dann drei Mal der Bräutigam. Die ersten drei Treffer gelten als Einladung des jeweiligen Gastes an das Brautpaar, die letzten drei Treffer übernimmt das Brautpaar und lädt die betreffenden Gäste zu den vorgeschlagenen Veranstaltungen ein.

WUNSCHLICHTER

So geht's:

alle Gäste
Spieldauer: etwa 20 Minuten

Das wird gebraucht:
- *ein sehr großes Herz aus Pappe*
- *für jeden Gast ein Teelicht*
- *mehrere Feuerzeuge*

Ein sehr stimmungsvolles Spiel, das um Mitternacht stattfindet. Sie legen vor dem Brautpaar ein großes, auf Pappe aufgemaltes Herz auf den Boden oder auf einen passenden Tisch. Zuvor haben alle Gäste Teelichter erhalten, die nun entzündet werden. Schalten Sie die Beleuchtung herunter. Im Halbdunkel werden die Teelichter auf das Herz gestellt, bis es ganz mit Lichtern bedeckt ist. Jeder Gast, der sein Teelicht auf das Herz stellt, spricht laut einen Wunsch für das Brautpaar aus.

HERZLICHER EMPFANG

So geht's:

das Brautpaar
Spieldauer: etwa 15 Minuten

Das wird gebraucht:
- *weißes Laken mit aufgemaltem Herz*
- *doppelseitiges Klebeband, etwa 5 cm breit*
- *zwei kleine Scheren*
- *Filzstifte oder Stoffmalstifte*

Mit diesem kurzen Spiel wird das Brautpaar »herzlich« begrüßt – im wahrsten Sinn des Wortes. Zur Vorbereitung benötigen Sie ein Laken, auf das Sie, so groß wie möglich, ein Herz aufmalen. Wenn Sie mögen, schreiben Sie außerdem das Hochzeitsdatum und die Namen der Brautleute in das Herz hinein. Zwei Helfer spannen das Laken mit Klebeband vor die Eingangstür des Saales oder vor eine Tür, durch die das Brautpaar hindurch muss. Drücken Sie Braut und Bräutigam zwei kleine Scheren in die Hand, z. B. Nagelscheren. Damit müssen sie das Herz ausschneiden. Anschließend steigen beide durch die Herzöffnung oder der Bräutigam trägt seine Braut hindurch. Das ausgeschnittene Herz kann herumgereicht werden, sodass alle Gäste sich mit Filzstift oder Stoffmalstift darauf verewigen können.

MEHR GLÜCK FÜR DAS HOCHZEITSPAAR

alle Gäste
Spieldauer:
etwa 20 Minuten

Das wird gebraucht:
- *Plantschbecken*
- *für jeden Teilnehmer ein kleines Papierschiffchen, das ein Metallteil enthält, z.B. eine Büro- oder Briefklammer*
- *eine Magnetangel*
- *eine Augenbinde*

So geht's:

Das junge Glück fördern, die Geschicklichkeit des Hochzeitspaars testen und viel Spaß dabei haben: Bei dem folgenden Spiel haben die Hochzeitsgäste einiges zu lachen. Jeder Teilnehmer bekommt ein kleines Papierschiffchen, auf dem er seinen Namen notiert und dazuschreibt, was er anbietet, um das Glück des jungen Paares zu vermehren. Solche Angebote können sein: Fenster putzen, Wäsche bügeln, Hecke schneiden usw. Draußen stellen Sie ein mit Wasser gefülltes Plantschbecken auf, in dem die Papierschiffchen zu Wasser gelassen werden. Verbinden Sie der Braut die Augen und drücken Sie ihr die Angel in die Hand. Der Bräutigam gibt ihr Anweisungen, damit sie in einer vorgegebenen Zeit möglichst viele Versprechungen angeln kann.

AMERIKANISCH VERSTEIGERN

alle Gäste
und das Brautpaar
Spieldauer:
etwa 15 Minuten

Das wird gebraucht:
- *Schuh der Braut*

So geht's:

Zu fortgeschrittener Stunde nehmen Sie der Braut einen Schuh ab, der anschließend amerikanisch versteigert wird. Ziel dieser Aktion ist es, dem Brautpaar finanziell eine weitere kleine Starthilfe zu geben, z. B. für die Hochzeitsreise.

So funktioniert eine amerikanische Versteigerung: Der zuerst gebotene Betrag wird sofort in ein bereitgehaltenes Körbchen gelegt und bei allen folgenden Geboten immer nur die Differenz zum vorherigen. So kann eine beträchtliche Summe zusammenkommen, ohne dass die einzelnen Gäste zu stark zur Kasse gebeten werden. Richten Sie es so ein (das sprechen Sie vorher mit ihm ab), dass der Bräutigam das letzte Gebot abgeben kann, den Schuh auslöst und ihn seiner Braut zurückgibt.

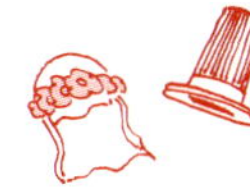

So geht's:

Erinnern Sie sich an Doris Day und Rock Hudson und ihren Telefonzwist in dem gleichnamigen Film? Die beiden sind eingeschworene Feinde, denn sie müssen sich eine Telefonleitung teilen.

In Anlehnung an diesen amüsanten Film sitzen Braut und Bräutigam Rücken an Rücken auf ihren Hockern, zwischen ihren Schultern ist ein Kissen eingeklemmt. Sie stellen immer nur an die Braut oder den Bräutigam eine Frage, aber beide antworten – sie haben ja dieselbe Telefonleitung –, und zwar nur durch Nicken (= Ja), Kopfschütteln (= Nein) oder indem sie die Hand heben (= Ich). Da die beiden sich nicht sehen können, wissen sie nicht, wie der andere antwortet. Beispiele für Fragen: Hast du deinen Traumpartner gefunden? Wirst du zu Hause der große Boss sein? Wenn der Partner ärgerlich ist, bist du derjenige, der beruhigt und einlenkt? Magst du seine/ihre Musik? Wer lebt gesünder? Wer kann besser einparken? Gehst du Streit lieber aus dem Weg? Ist dein Partner pingelig? Wer hat wen zuerst geküsst? Wer hat größere Angst vor dem Zahnarzt?

Außerdem eignen sich Fragen, die sich auf Vorlieben und Abneigungen der beiden beziehen. Den Zuschauern macht es viel Spaß, festzustellen, wie übereinstimmend oder unterschiedlich die Antworten der frisch Verheirateten ausfallen.

das Brautpaar
Spieldauer:
etwa 15 Minuten

Das wird gebraucht:
– ein kleines Kissen
– zwei Hocker
– eine Liste mit etwa 15 Fragen

ACTION-REISE NACH JERUSALEM

ab 10 Personen
Spieldauer:
etwa 15 Minuten

Das wird gebraucht:
- *Stühle (einer weniger als Teilnehmer)*
- *Musik*
- *zwölf Karten mit Aufgaben für die einzelnen Monate*

So geht's:

Wie Sie es von dem Spiel »Reise nach Jerusalem« kennen, werden Stühle in die Mitte des Saales gestellt, und zwar einer weniger als Teilnehmer. Lassen Sie Musik spielen, die Mitspieler laufen um die Stühle. Wenn die Musik stoppt, nennen Sie einen Gegenstand, den sich die Spieler von den anderen Hochzeitsgästen besorgen müssen, z. B. einen Schuh, ein Taschentuch, einen Ausweis, einen sauberen Teller, ein Besteckteil, eine Uhr usw. Aber es darf kein eigener Gegenstand sein, auch nichts Wertvolles oder Zerbrechliches, damit in der Hitze des Gefechtes kein Schaden angerichtet wird. Wer die Aufgabe gelöst hat, darf sich setzen. Wer zuletzt kommt und keinen Stuhl mehr erwischt, scheidet aus. Dann wird ein Stuhl weggenommen und es geht weiter.

Nach jeder Runde bringen die Teilnehmer die Gegenstände wieder zurück. Wer ausscheiden muss, geht zum Brautpaar und wählt aus zwölf Monatskarten eine aus. Auf der Karte steht eine Aufgabe, die für das frischgebackene Ehepaar erledigt werden muss, z. B. im September eine Weinprobe, im Dezember den Nikolaus spielen usw. Das Spiel wird so lange fortgesetzt, bis alle Karten vergeben sind.

EIN TAG IM LEBEN DES BRÄUTIGAMS

das Brautpaar
Spieldauer: etwa 15 Minuten

Das wird gebraucht:
- *ein großes weißes Laken mit Löchern für Hände und Füße und einem Loch in der Mitte, sodass ein Kopf hindurchpasst*
- *ein Kinderpullover, der unterhalb des Loches angenäht ist*
- *eine Kinderhose, die unterhalb des Pullovers angenäht ist*
- *ein Paar Schuhe*
- *ein Tisch*
- *eine Geschichte*
- *alle Utensilien, die in der Geschichte erwähnt werden*

So geht's:

Ein heiteres Spiel speziell zur Unterhaltung der Gäste. An einem gut sichtbaren Platz im Festsaal wird ein Tisch aufgestellt. Zwei Helfer spannen das präparierte Laken oberhalb der Tischplatte auf. Der Bräutigam stellt sich hinter den Tisch, steckt seinen Kopf durch das große Loch über dem Kinderpullover und seine Hände durch die Fußlöcher in ein Paar Schuhe, die davor stehen. Die Braut stellt sich hinter ihren Mann und steckt ihre Hände durch die Handlöcher.

Sie lesen die Geschichte vor und das Brautpaar muss die Tätigkeiten, die darin erwähnt werden, ausführen. Da die Braut ihren Mann nicht von vorne sehen kann, wird sie erhebliche Schwierigkeiten bei der Treffsicherheit haben. Die benötigten Utensilien werden von Helfern gereicht.

Gestalten Sie die Geschichte individuell, zugeschnitten auf die Brautleute. So könnte sie beginnen:

Früh am Morgen wacht (Name des Bräutigams) auf und reibt sich die Augen (sie reibt seine Augen; Vorsicht bei langen Fingernägeln!). Er gähnt (sie hält ihre Hand vor seinen Mund) und geht (er trappelt mit den Schuhen) ins Badezimmer, um sich die Zähne zu putzen (Zahnbürste mit Sahne wird gereicht, sie putzt ihm die Zähne). Nach dem Zähneputzen spült (Name des Bräutigams) den Mund aus (Glas Wasser wird gereicht, sie hebt es an seinen Mund). Nun noch schnell die Haare kämmen (Kamm reichen, sie kämmt ihn), und schon kann der Tag beginnen. (Name des Bräutigams) geht in die Küche (er trappelt mit den Schuhen), um zu frühstücken. Heute wird ein schwerer Tag, deshalb stärkt (Name des Bräutigams) sich mit einem Müsli (Müsli mit Milch reichen, sie füttert ihn). Nur noch den Mund abwischen (Serviette reichen, sie wischt ihm den Mund) und los geht's usw.

BRÄUCHE UND TRADITIONEN

Bräuche begleiten uns in allen Lebenslagen, so auch bei der Hochzeit. Denn dieses Ereignis wurde schon immer als wichtiges Datum im Leben, als Beginn eines neuen Lebensabschnittes angesehen. Manche Bräuche und Traditionen sollten dem Brautpaar Reichtum, Gesundheit und ein langes Leben bringen, andere sollten es vor Schaden bewahren, Glück und Fruchtbarkeit garantieren – zu allen Zeiten und Kulturen wurden solche Riten, Regeln und Gebote gewissenhaft befolgt.

Auch wenn die Vielfalt der Bräuche, die rund um das Hochzeitsfest üblich sind, kaum zu überblicken ist: Lassen Sie die guten alten Hochzeitsbräuche wieder aufleben. Eine Hochzeit kann dadurch nur noch romantischer werden. Einige dieser Bräuche möchte ich Ihnen auf den folgenden Seiten vorstellen. Vielleicht ist auch etwas für Sie dabei.

KRANZ ABTANZEN

So geht's:

alle Gäste
und das Brautpaar
Spieldauer:
etwa 10 Minuten

Das wird gebraucht:
– ein Körbchen

Ein vor allem in Österreich beliebter Brauch, der den Übergang vom Brautstand in den Alltag der Ehe markiert.

Gegen Mitternacht stellen sich die Hochzeitsgäste in einem Kreis auf. Das Brautpaar steht in der Mitte des Kreises. Die Braut nimmt ihren Schleier ab, die Musik setzt ein und das Brautpaar beginnt zu tanzen. Wer nun mit der Braut oder dem Bräutigam tanzen möchte, muss sich diesen Tanz »erkaufen« und Geld in ein Körbchen werfen. Das geht so lange, bis alle Damen mit dem Bräutigam und alle Herren mit der Braut getanzt haben.

So geht's:

alle Gäste und das Brautpaar
Spieldauer: etwa 10 Minuten

Das wird gebraucht:
- *ein knorriger Baumstamm*
- *eine Zug- oder Schrotsäge*
- *zwei Holzböcke*

Dieser alte bayerische Brauch will die Fähigkeit des frischgebackenen Ehepaares zur Zusammenarbeit testen. Versperrt ein Baumstamm dem Paar den Weg, muss es diesen mit vereinten Kräften aus dem Weg räumen oder durchsägen - ein Symbol für das gemeinsame Bewältigen und Lösen von Problemen. Daher kommt es, dass sich noch heute das Durchsägen eines Baumstammes nach der Trauung großer Beliebtheit erfreut. Freunde legen dazu einen nicht zu dicken Baumstamm vor der Kirche oder dem Standesamt auf zwei Holzböcke. Als Werkzeug steht dem jung vermählten Paar eine alte Zug- oder Schrotsäge zur Verfügung. Je gleichmäßiger die Brautleute nun ziehen, desto schneller ist der Stamm durchgesägt.

DIE BRAUT STEHLEN

das Brautpaar und einige Gäste
Spieldauer: etwa 60 Minuten

Das wird gebraucht:
- *ein Entführer*
- *Lösegeld für die Braut*
- *zwei Helfer (Trauzeugen) für die Suche*

So geht's:

Der Brauch, die Braut während der Hochzeitsfeier zu rauben, symbolisiert ihren Auszug aus dem Elternhaus und den Übergang in den neuen Lebensabschnitt. Dabei heißt es für den Bräutigam: Gib Acht auf die Braut! Die Entführung findet immer während des Hochzeitsfestes statt, nach dem Mittagessen, dem Kaffeetrinken oder dem Abendessen. Ein guter Freund, begleitet von einigen Hochzeitsgästen, entführt die Braut in ein nahe gelegenes Lokal. Einer der zurückbleibenden Gäste sollte eingeweiht sein, wo die Entführer mit der Braut zu finden sind, damit die Suche nicht allzu lange vergeblich bleibt und sich die längere Abwesenheit des Brautpaares nicht negativ auf die Feststimmung auswirken kann. Im Lokal wird meistens Sekt getrunken, während Braut und Entführer auf den jungen Ehemann warten. Hat er seine Braut gefunden, muss er die Rechnung im Lokal bezahlen. Außerdem sollte er sich verpflichten, drei Wünsche der Braut zu erfüllen, z. B. vier Wochen lang Geschirr abwaschen oder staubsaugen, seinen Lieblingswitz erzählen oder ein Lied singen.

Übrigens: Die Trauzeugen dürfen bei der Entführung nicht mitwirken, denn sie müssen die Braut und ihren Strauß bewachen. Aber sie dürfen dem Bräutigam bei der Suche helfen.

DER GESTOHLENE BRAUTSCHUH

So geht's:

Während der Hochzeitsfeier kriecht einer der männlichen Hochzeitsgäste unter den Tisch und »entwendet« der Braut einen Schuh. Die »Trophäe« wird mit Blumen geschmückt, auf den Tisch gestellt und anschließend unter den Hochzeitsgästen symbolisch versteigert. Dabei legen die Bietenden ihre Gebote in den Brautschuh. Zum Schluss ersteigert der Bräutigam den Schuh mit den bis dahin eingeworfenen Beträgen. Das Geld bleibt beim Brautpaar, der Bräutigam gibt den Schuh seiner Braut zurück.

alle Gäste und das Brautpaar
Spieldauer: etwa 20 Minuten

Das wird gebraucht:
– ein Auktionator
– ein Dieb
– Blumen

STRUMPFBAND WERFEN

So geht's:

Zunächst sollten Sie sich erkundigen, ob die Braut ein Strumpfband tragen wird und ob sie bereit wäre, es zu verschenken. Falls sie zustimmt, kann es losgehen. Der Brauch besagt: Wer das Strumpfband fängt, wird demnächst heiraten. Um gegen Ende der Feier nun an das Strumpfband zu gelangen, zieht der Bräutigam eine tolle Show für die Gäste ab und schiebt vor versammelter Hochzeitsgesellschaft den Rocksaum des Brautkleides langsam bis über die Knie, bis er am Oberschenkel angekommen ist. Er nimmt seiner Braut das Strumpfband ab und wirft es in die Menge der anwesenden Junggesellen. Derjenige, der es fängt, wird als Nächster vor dem Traualtar stehen. Und das Strumpfband? Das bleibt im Besitz des Fängers.

alle unverheirateten männlichen Gäste und das Brautpaar

Spieldauer: etwa 10 Minuten

Das wird gebraucht:
– ein Strumpfband

DINGE, DIE EINE BRAUT BRAUCHT

die Braut
Spieldauer:
etwa 10 Minuten

Das wird gebraucht:
- *etwas Altes*
- *etwas Neues*
- *etwas Geliehenes*
- *etwas Blaues*

So geht's:

Traditionen zu pflegen ist schön und besonders sinnvoll bei Hochzeiten - ein wenig Aberglaube kann dabei nicht schaden. Der hier beschriebene Brauch stammt aus England und beruht auf dem Spruch: »Something old, something new, something borrowed, something blue.« Dieser angelsächsischen Tradition folgend, soll die Braut am Hochzeitstag vier ganz spezielle Dinge tragen, um in der Ehe glücklich zu werden:

- etwas Altes, z. B. ein Schmuckstück der Großmutter oder der Mutter, um die Familientradition weiterzuführen. Es steht für den Lebensabschnitt der Braut vor der Ehe;
- etwas Neues als Symbol für den neuen Lebensabschnitt, die Ehe, z. B. das neue Brautkleid oder der Ehering;
- etwas Geliehenes, z. B. ein Taschentuch oder eine Halskette von einer glücklich verheirateten Freundin, als Zeichen für Freundschaft und Glück;
- etwas Blaues (meist ein Strumpfband) als Sinnbild für die Treue.

die Braut und alle unverheirateten Frauen

Spieldauer: etwa 10 Minuten

Das wird gebraucht:
– Musik
– ein Tüllschleier

So geht's:

Im Mittelalter hatte der Brautschleier mehr als nur dekorative Funktion: Er sollte die Schönheit der Braut vor bösen Dämonen verbergen. Zugleich war der weiße Brautschleier Symbol der Jungfräulichkeit.

Um Mitternacht wurden Kranz und Schleier abgenommen und die Braut kam endgültig »unter die Haube«: Die verheirateten Frauen setzten ihr die Frauenhaube auf, wodurch die Frischvermählte in den Frauenstand aufgenommen war.

Beim Schleiertanz um Mitternacht übernehmen die unverheirateten Freundinnen die aktive Rolle. Die Braut tanzt alleine, und weil dem Brautschleier Glück bringende Kräfte zugeschrieben werden, versammeln sich alle unverheirateten Frauen um die Braut und versuchen, ein möglichst großes Stück des Schleiers zu erhaschen. Wer das größte Stück erwischt hat, soll die nächste Braut sein. Um den echten Schleier aufbewahren zu können, setzt die Braut für diesen Zweck einen Ersatzschleier aus einfachem Tüll auf.

BRAUTSTRAUSS WERFEN

die Braut und alle unverheirateten Frauen
Spieldauer:
etwa 5 Minuten

Das wird gebraucht:
- Brautstrauß

So geht's:

Hier ist das weibliche Gegenstück zum Werfen des Strumpfbands. Während der Feier - nach dem Eröffnungswalzer, häufiger jedoch beim Mitternachtstanz - versammeln sich alle ledigen Frauen. Die Braut steht mit dem Rücken zu ihnen und wirft den Strauss weit hinter sich. Diejenige, die den Strauss fängt, soll die nächste Braut werden. Dabei ist es der Braut natürlich nicht verboten, die Richtung, in die sie ihren Strauss wirft, gut zu überlegen und den Wurf zu steuern. Wenn die Braut an ihrem Brautstrauß hängt und ihn mit nach Hause nehmen möchte, kann sie auch einen Ersatzstrauß werfen.

GROSCHEN ZUSAMMENKEHREN

das Brautpaar
Spieldauer:
etwa 5 Minuten

Das wird gebraucht:
- Kopftuch und Schürze
- Besen
- Hut und Zigarre

Zwar gibt es heute keine Groschen mehr, aber den folgenden Brauch können Sie auch mit Euro- und Centmünzen umsetzen. Der Braut wird von der Mutter der Schleier abgenommen, sie erhält ein Kopftuch und bindet eine Schürze um. In den Händen hält sie einen Besen. Der Bräutigam bekommt eine Zigarre und einen Hut, am besten den Hut des Großvaters. Alle Gäste werfen Geldmünzen in einem abgegrenzten Bereich auf den Boden. Die Braut muss die Münzen zusammenkehren, der Bräutigam muss sie einsammeln. Natürlich gibt es immer wieder Gäste, die den beiden die Arbeit erschweren, indem sie durch den Münzhaufen laufen. Trotzdem wird sich das Brautpaar freuen, wenn es auf diese Weise die Kasse aufbessern kann.

Fein angezogen, brav sein, still sitzen: Für viele Kinder kann die Teilnahme an einem Hochzeitsfest zur echten Nervenprobe werden – und für die Eltern dann auch. In diesem Kapitel finden Sie deshalb praktische Spielevorschläge speziell für Kinder, auch wenn viele der bisher vorgestellten Spiele sich problemlos auch für jüngere Teilnehmer eignen.

Natürlich amüsieren sich Kinder einer Altersgruppe am besten miteinander, aber bei einer Hochzeitsfeier dürfte die »Klientel« ziemlich gemischt sein. Was bedeutet das für Ihre Vorbereitungen? Stundenlange Konzentration auf eine Sache ist nicht angesagt, und der Materialaufwand sollte im Rahmen bleiben. Wichtig ist außerdem, dass die Aktionen abwechslungsreich sind und die Kinder dazwischen auch frei spielen dürfen. Stellen Sie dazu Malutensilien und einen Wäschekorb mit Spielen und anderen Spielsachen bereit. Vielleicht steht Ihnen ein separater Raum für die Kinder zur Verfügung, in dem sie spielen oder auch mal ein Video ansehen können. Wenn es die Gegebenheiten und das Wetter erlauben, sollten die Kinder auch nach draußen gehen können, um sich auszutoben. So kommen sie später ausgeglichener wieder herein.

WÄSCHEKLAMMERN FINDEN

ab 10 Kindern
Spieldauer:
etwa 5 Minuten

Das wird gebraucht:
- für jedes Zweierteam zehn Wäscheklammern und eine Augenbinde
- Stoppuhr

Variante:
- für jedes Zweierteam zwanzig Wäscheklammern und zwei Augenbinden

So geht's:

Immer zwei Kinder bilden ein Team. Das eine hat zehn Klammern am Körper, das andere muss diese Klammern mit verbundenen Augen finden. Das schnellste Team gewinnt.

Variante:

Auch hier brauchen Sie nur zwei Kinder für ein Team. Diesmal werden jedoch die Augen von beiden verbunden. Sie klemmen jedem von ihnen etwa zehn Wäscheklammern an Kleidung und Haare. Auf Kommando müssen sich die Mitspieler nun gegenseitig die Klammern entfernen.

KARTOFFELERNTE

ab 10 Kindern
Spieldauer:
etwa 15 Minuten

Das wird gebraucht:
- zwanzig Kartoffeln
- zwei Esslöffel
- eine Schüssel

Bilden Sie zwei gleich große Mannschaften. An der Startlinie liegen zwei Häufchen mit je zehn Kartoffeln, in zwei bis vier Metern Entfernung steht die Schüssel. Immer zwei Kinder gehen auf alle viere und nehmen den Löffelstiel in den Mund. Sie versuchen nun, eine Kartoffel so schnell wie möglich auf den Löffel zu schaufeln, damit zum Ziel zu kommen und die Kartoffel in die Schüssel zu befördern, ohne dabei die Hände zu benutzen. Dann kommt der Nächste dran. Das Team, das als erstes alle Kartoffeln in der Schüssel hat, gewinnt.

FÜTTERUNG DER RAUBTIERE

ab 6 Kindern
Spieldauer:
etwa 10 Minuten

Das wird gebraucht:
- Augenbinden
- Teller mit Schlagsahne, Joghurt oder Pudding
- Löffel
- Stühle
- Servietten

So geht's:

Eine schwierige Herausforderung: Kinder in festlicher Kleidung sollen einander füttern, ohne zu sehen, was sie tun. Jeweils ein Kind sitzt auf dem Stuhl und nimmt ein anderes auf den Schoß. Sie verbinden allen die Augen und geben den Kindern auf dem Stuhl jeweils einen Löffel in die Hand. Die anderen halten auf ihrem Schoß einen Teller mit Schlagsahne, Joghurt oder Pudding. Jetzt besteht die Aufgabe darin, dass der untere Spieler seinen »Draufsitzer« füttert. Sie sollten daher die Kleidung der Kinder unbedingt mit einer Schürze oder mit Servietten abdecken. Gewonnen haben die beiden, die zuerst den Teller geleert haben, ohne dass allzu viel gekleckert wurde.

STATUEN BILDEN

ab 10 Kindern
Spieldauer:
etwa 10 Minuten

Das wird gebraucht:
- Musik

So geht's:

Alle Kinder bewegen sich, während die Musik läuft. Nun stoppt die Musik, und jedes Kind muss zu einer Statue erstarren und in seiner augenblicklichen Position verharren. Wer sich als Letzter noch bewegt, scheidet aus.

Variante

Sie können dieses Spiel erschweren, indem Sie die Bewegungen während der Musik vorgeben. Lassen Sie Figuren bilden, z. B. einen Eisläufer, einen Vogel, einen Sänger usw.

FRUCHTMISCHUNG

ab 12 Kindern
Spieldauer:
etwa 15 Minuten

Das wird gebraucht:
– ein Stuhl für jedes Kind

So geht's:

Alle Mitspieler sitzen im Kreis. Sie fragen: »Welche Früchte kommen in meinen Obstsalat?« Nun muss jedes Kind, immer eins nach dem anderen, eine Obstsorte nennen, z. B. Kiwi, Orange, Apfel, Melone, Ananas. Ein Kind, das Sie zuvor ausgewählt haben, dreht nun seinen Stuhl um, sodass sich niemand darauf setzen kann, und geht in die Mitte. Dort ruft es eine Obstsorte aus, z. B. Ananas. Nun müssen alle, die Ananas genannt hatten, schnell miteinander die Plätze tauschen. Das Kind aus der Mitte versucht sich dabei schnell auf einen freien Stuhl zu setzen. Auf diese Weise bleibt ein anderer Teilnehmer übrig, der nun eine neue Obstsorte ausruft. Keiner der Teilnehmer darf sich wieder auf den Stuhl setzen, auf dem er zuvor saß. Ruft der Spieler in der Mitte »Früchtekorb«, müssen alle Teilnehmer ihre Plätze tauschen.

HEISSE TÜTE

So geht's:

Inspiriert vom klassischen Kinderspiel »Reise nach Jerusalem«, brauchen die kleinen Gäste für dieses Kennenlernspiel flinke Hände. Bitten Sie alle teilnehmenden Kinder, sich in einem Kreis aufzustellen. Geben Sie dem ersten Kind eine Tüte Süßigkeiten und lassen Sie die Musik laufen. Nun müssen die Kinder die Tüte im Kreis weitergeben, so schnell wie möglich, als wäre sie eine heiße Kartoffel, aber ohne sie fallen zu lassen. Sobald die Musik stoppt, bewegt sich keiner mehr. Das Kind, das die Tüte in der Hand hält, sagt seinen Namen und kehrt an seinen Platz zurück. Die Süßigkeiten darf es behalten. Sie geben jetzt dem nächsten Kind eine neue Tüte, und weiter geht's.

ab 10 Kindern
Spieldauer: etwa 10 Minuten

Das wird gebraucht:
– für jedes Kind eine kleine Zellophantüte mit Süßigkeiten
– flotte Musik

MIT KIND UND KEGEL

So geht's:

Ein Nebeneffekt dieses Kegelspiels ist, dass die Kinder ganz spielerisch die Namen ihrer Mitspieler kennenlernen. Weisen Sie einen Bereich als Kegelbahn aus. Um spielen zu können, verteilen Sie an alle Mitspieler jeweils einen Kegel. Sie können aber auch einige Flaschenträger aufstellen, aus denen sich jeder selbst bedient. Auf das Klebeband auf der Flasche notiert jedes Kind seinen Namen. Nun stellen alle ihre »Kegel« an das Ende der Kegelbahn, und schon kann es losgehen. Mit einem mittelgroßen Ball wird der Reihe nach gekegelt. Das Kind, dessen Kegel umgeworfen wird, läuft hin und stellt ihn rasch wieder auf. Wessen Kegel eine ganze Runde stehen bleibt, der hat gewonnen.

ab 8 Kindern
Spieldauer: etwa 20 Minuten

Das wird gebraucht:
– für jedes Kind eine Wasserflasche aus Kunststoff, die mit einem Stück Klebeband als Namensschild beklebt ist
– Filzstifte
– mittelgroßer Ball

SÄBELRASSELN

ab 10 Kindern
Spieldauer:
etwa 15 Minuten

Das wird gebraucht:
- *vier Esslöffel*
- *zwei Tischtennis- oder Golfbälle*

So geht's:

Spannende Zweikämpfe erwarten die Mitspieler bei diesem Fechtkampf der besonderen Art. Da Geschicklichkeit und Koordination über bloße Kraft triumphieren, können dabei Mädchen durchaus die Jungen besiegen. Teilen Sie die Teilnehmer in zwei Gruppen auf. Immer ein Kind einer Gruppe tritt zum Fechtkampf gegen ein Kind der Gegenmannschaft an. Und womit müssen sie fechten? Die Waffe ist ein Esslöffel. Damit sollen die Mitspieler versuchen, ihrem Gegner den Löffel aus der Hand zu schlagen. Der Haken bei der ganzen Sache ist jedoch, dass auf einem zweiten Löffel mit der anderen Hand gleichzeitig ein Tischtennisball balanciert werden muss. Wer seinen Gegner um den Löffel bringt, ohne dabei seinen eigenen Ball zu verlieren, ist Sieger. Für den Gewinner gibt es einen Pluspunkt, wer den Ball verliert, erhält einen Minuspunkt. Die Gruppe mit den meisten Punkten gewinnt.

RAUPENRENNEN

ab 10 Kindern
Spieldauer:
etwa 15 Minuten

Das wird gebraucht:
- *Augenbinden*
- *10 bis 20 nummerierte Wimpelstangen*
- *Stoppuhr*

So geht's:

Dieser Raupen-Parcours macht besonders viel Spaß draußen auf einer Wiese. Sie können die »Hindernisse« dort leichter aufstellen. Bei diesem Spiel geht es darum, dass der Lotse seine Raupe, deren Augen verbunden sind, durch Zuruf geschickt an allen Hindernissen vorbeidirigiert.

Stecken Sie zunächst einen weitläufigen Slalom-Parcours mit Wimpelstangen ab. Die Wimpel stellen Sie preisgünstig aus Bambusstangen (Gartenmarkt) und Papierdreiecken her. Die Wimpel werden in der Reihenfolge nummeriert, in der sie umrundet werden sollen.

Bilden Sie zwei bis drei Mannschaften. Verbinden Sie allen Kindern einer Mannschaft, außer dem letzten, die Augen. Jede Mannschaft bildet eine Kette, indem die Kinder sich hintereinander aufstellen und ihrem Vordermann die Hand auf die Schulter legen. Das Kind, dessen Augen nicht verbunden sind, bildet den Schluss der Kette. Es führt seine Mannschaft mit Kommandos wie »rechts, links, vorwärts, rückwärts« um die Wimpelstangen herum. Die Stoppuhr läuft, sobald die Mannschaft startet. Die Gruppe, die am schnellsten und ohne Hinfallen den Parcours durchläuft, hat gewonnen.

KRÄFTEMESSEN ÜBER KREUZ

So geht's:

4 Kinder
Spieldauer: etwa 5 Minuten

Das wird gebraucht:
– zwei etwa acht Meter lange Seile
– Kreide

Wer sich einmal richtig verausgaben möchte, sollte bei diesem Spiel mitmachen und jede Menge Muskelkraft mitbringen.

Zuerst wird bei den Seilen mit einem Kreidestrich die Mitte markiert. An dieser Stelle werden sie zusammengeknotet. Legen Sie die vier Seilenden so auf dem Boden auseinander, dass ein Kreuz entsteht. Um den Knotenpunkt zeichnen Sie ein zwei mal zwei Meter großes Quadrat. Legen Sie den Knotenpunkt genau in die Mitte. Jeder Mitspieler schnappt sich ein Seilende und versucht, seine drei Mitspieler in das Quadrat zu ziehen.

Dieses Spiel eignet sich auch als Mannschaftsspiel, bei dem vier gleich große Teams gegeneinander antreten.

DREAM-TEAM

So geht's:

ab 9 Kindern
Spieldauer:
etwa 5 Minuten

Das wird gebraucht:
- *für jede Mannschaft ein Luftballon oder Softball*

Jeweils drei Kinder bilden ein Team. Sie stellen sich im Kreis auf und umfassen sich mit den Armen an den Schultern. In der Mitte jedes Teams liegt ein aufgeblasener Luftballon am Boden (wer es schwieriger machen will, nimmt dazu Bälle). Der Ballon muss, ohne die Hände zu Hilfe zu nehmen und ohne dass er wieder auf den Boden fällt, nach oben über Schultern und Köpfe befördert werden. Welches Team ist am schnellsten?

PAPIERBALL

So geht's:

ab 10 Kindern
Spieldauer:
etwa 3 Minuten

Das wird gebraucht:
- *für jedes Kind zwei bis drei Zeitungsseiten*
- *Küchenwecker*
- *Straßenkreide oder Klebeband, um die Spielfelder zu markieren*

Für diesen Wettkampf brauchen Sie zwei Mannschaften. Markieren Sie zwei Spielfelder, in die sich die Mannschaften hineinstellen. Jedes Kind erhält zwei oder drei Zeitungsseiten, die zu einem festen Papierball zusammenknüllt werden. Stellen Sie einen Küchenwecker auf eine bestimmte Zeit ein – für den Anfang vielleicht drei Minuten. Auf Kommando werfen alle ihre Papierbälle in das jeweils gegnerische Spielfeld und versuchen gleichzeitig, die »feindlichen« Bälle so schnell wie möglich wieder loszuwerden. Die Mannschaft, die beim Weckerklingeln die wenigsten Papierbälle hat, ist Sieger.

SCHLANGEN ZÜCHTEN

So geht's:

Jedes Kind bekommt eine Zeitungsseite in die Hand. Bei »los« versuchen alle, ihre Seite so zu reißen, dass eine möglichst lange »Schlange« entsteht. Nach einer Minute werden die Schlangen gemessen. Ist ein Stück abgerissen, nehmen Sie das längere zum Messen, das kurze Stück zählt nicht mit. Wer die längste Schlange hat, wird wegen guter Fütterung und Pflege zum Sieger ernannt.

ab 10 Kindern
Spieldauer: etwa 15 Minuten

Das wird gebraucht:
- *für jedes Kind eine Zeitungsseite*
- *Maßband*

SÜSSES ABRÄUMEN

So geht's:

Ein Spiel, das bei den jüngeren Gästen besonders gut ankommt. Breiten Sie auf dem Boden eine Decke aus und stellen Sie in die Mitte einen Suppenteller. Aus zwei Metern Entfernung müssen die Kinder nun nacheinander versuchen, Bonbons in den Teller zu werfen, und zwar so, dass sie im Teller liegen bleiben. Wer trifft, darf alle Bonbons, die neben dem Teller auf der Decke liegen, einsammeln. Legen Sie eine Rundenanzahl fest. Gewonnen hat am Schluss das Kind, das die meisten Bonbons abräumen konnte.

ab 10 Kindern
Spieldauer: etwa 10 Minuten

Das wird gebraucht:
- *eine Decke*
- *ein Teller*
- *für jedes Kind 10 bis 20 eingewickelte Bonbons*

TISCHTENNISBALL-QUIETSCHPUSTEN

So geht's:

Bei diesem Wettpusten treten immer zwei Spieler gegeneinander an. Sie legen ihre Tischtennisbälle an die zuvor auf dem Tisch markierte Startlinie und halten die aufgeblasenen Luftballons mit den Fingern zu. Auf das Startsignal hin ziehen sie die Öffnung des Luftballons in die Breite. Mit der austretenden Luft treiben sie ihren Tischtennisball vor sich her. Wer ihn am schnellsten über die markierte Ziellinie »pustet«, ist Sieger.

ab 10 Kindern
Spieldauer: etwa 15 Minuten

Das wird gebraucht:
- *langer Tisch*
- *Luftballons*
- *zwei Tischtennisbälle*

BILDERGALERIE FÜRS BRAUTPAAR

ab 10 Kindern
Spieldauer:
etwa 15 Minuten

Das wird gebraucht:
- für jedes Kind ein A4-Blatt und ein Filzstift
- Musik

Die Kinder stellen sich im Kreis auf. Jedes hat ein Blatt Papier und einen Filzstift. Sie geben ein Thema vor, z. B. »Brautpaar auf der Hochzeitsreise«. Die Kinder legen Blatt und Stift vor sich auf den Boden, Sie starten die Musik, und alle Kinder tanzen um den Blätterkreis herum. Sobald die Musik stoppt, setzt sich jedes Kind vor das Blatt, vor dem es gerade steht, und beginnt mit dem Bild. Sobald die Musik wieder startet, brechen alle ihr Bild ab und der Tanz geht weiter bis zum nächsten Stopp. Dann malt jedes Kind da weiter, wo es gerade steht. Das Spiel dauert so lange, bis alle Bilder fertig sind. Die gesammelten Werke, bei denen jedes von vielen »Künstlern« geschaffen wurde, werden dem Brautpaar als Geschenk überreicht.

BLITZ-ANZIEHER

So geht's:

ab 3 Kindern
Spieldauer:
etwa 10 Minuten

Das wird gebraucht:
- für drei Kinder jeweils eine Jacke, ein Schal, Handschuhe und ein aufgeblasener Luftballon

Dieses Spiel klingt einfacher, als es tatsächlich ist. Die Kinder müssen so schnell wie möglich eine Jacke anziehen, die Mütze aufsetzen, den Schal umbinden und Handschuhe anziehen. Immer drei Kinder treten dabei gegeneinander an. Der Haken: Beim Anziehen müssen die Kinder irgendwie einen Luftballon in der Luft halten - durch stupsen, pusten, köpfen usw. Er darf auf keinen Fall den Boden berühren.

NIEMALS VORWÄRTS

So geht's:

ab 5 Kindern
Spieldauer:
etwa 15 Minuten

Das wird gebraucht:
- Handspiegel
- Straßenkreide

Dieses Spiel spielen Sie auf einer geteerten oder gepflasterten Fläche, z. B. auf dem Parkplatz oder der Terrasse Ihres Lokals. Zeichnen Sie mit Straßenkreide einen Weg auf, der ruhig kurvig, aber nicht breiter als 20 cm sein soll. Die Kinder starten in zeitlichem Abstand. Der Parcours darf nur rückwärts gegangen werden, daher nehmen die Kinder einen Spiegel zu Hilfe. Die Zuschauer passen auf, dass die Kreidestriche nicht betreten werden. Wer übertritt, scheidet aus.

PAPIERFLIEGER

So geht's:

ab 10 Kindern
Spieldauer:
etwa 15 Minuten

Das wird gebraucht:
- für jede Mannschaft ein Blatt Papier

Die Kinder bilden zwei Mannschaften. Jede Mannschaft bestimmt ein Kind, das den Papierflieger basteln darf. Und dann geht's los.

Die Mannschaften müssen mit ihrem Flieger eine bestimmte Strecke zurücklegen. Der nächste Spieler startet immer von dem Punkt aus, wo der Flieger zuvor gelandet ist. Wenn die erste Mannschaft im Ziel ist, startet die zweite. Gewonnen hat die Mannschaft, die in der kürzesten Zeit diese Strecke zurückgelegt hat.

IMPRESSUM

Bibliografische Information: Deutsche Nationalbibliothek
Die Deutsche Nationalbibliothek verzeichnet diese Publikation in der Deutschen Nationalbibliografie; detaillierte bibliografische Daten sind im Internet über http://dnb.ddb.de abrufbar.

Wichtiger Hinweis
Die im Buch veröffentlichten Ratschläge wurden von Verfasserin und Verlag mit größter Sorgfalt erarbeitet und geprüft. Eine Garantie kann jedoch nicht übernommen werden. Ebenso ist eine Haftung der Verfasserin bzw. des Verlages und seiner Beauftragten für Personen-, Sach- oder Vermögensschäden ausgeschlossen.

Bildnachweis
Umschlagfoto: Getty lizenzfrei stk307117rkn
Illustrationen: Till Winkler, Augsburg

Projektleitung: Annett Katrin Graf
Redaktion: Günter Wiegand, Wiesbaden
Herstellung: Hartmut Czauderna
Layout und Satz: Diamond Graphics, Augsburg
Umschlaggestaltung: ZERO Werbeagentur, München
Druck und Bindung: Firmengruppe APPL, aprinta druck, Wemding

Printed in Germany

ISBN: 978-3-426-64405-8

5 4 3 2 1

Bitte besuchen Sie uns auch im Internet unter der Adresse:
www.knaur-ratgeber.de